Mbaye Sene

Stratégies de routage dans les systèmes Pair-à-pair décentralisés

Ibrahima Gueye
Mbaye Sene

Stratégies de routage dans les systèmes Pair-à-pair décentralisés

Etat de l'Art, Contribution et Evaluation de Performances

Éditions universitaires européennes

Mentions légales / Imprint (applicable pour l'Allemagne seulement / only for Germany)
Information bibliographique publiée par la Deutsche Nationalbibliothek: La Deutsche Nationalbibliothek inscrit cette publication à la Deutsche Nationalbibliografie; des données bibliographiques détaillées sont disponibles sur internet à l'adresse http://dnb.d-nb.de.
Toutes marques et noms de produits mentionnés dans ce livre demeurent sous la protection des marques, des marques déposées et des brevets, et sont des marques ou des marques déposées de leurs détenteurs respectifs. L'utilisation des marques, noms de produits, noms communs, noms commerciaux, descriptions de produits, etc, même sans qu'ils soient mentionnés de façon particulière dans ce livre ne signifie en aucune façon que ces noms peuvent être utilisés sans restriction à l'égard de la législation pour la protection des marques et des marques déposées et pourraient donc être utilisés par quiconque.

Photo de la couverture: www.ingimage.com

Editeur: Éditions universitaires européennes est une marque déposée de
Südwestdeutscher Verlag für Hochschulschriften GmbH & Co. KG
Heinrich-Böcking-Str. 6-8, 66121 Sarrebruck, Allemagne
Téléphone +49 681 37 20 271-1, Fax +49 681 37 20 271-0
Email: info@editions-ue.com

Produit en Allemagne:
Schaltungsdienst Lange o.H.G., Berlin
Books on Demand GmbH, Norderstedt
Reha GmbH, Saarbrücken
Amazon Distribution GmbH, Leipzig
ISBN: 978-613-1-56190-0

Imprint (only for USA, GB)
Bibliographic information published by the Deutsche Nationalbibliothek: The Deutsche Nationalbibliothek lists this publication in the Deutsche Nationalbibliografie; detailed bibliographic data are available in the Internet at http://dnb.d-nb.de.
Any brand names and product names mentioned in this book are subject to trademark, brand or patent protection and are trademarks or registered trademarks of their respective holders. The use of brand names, product names, common names, trade names, product descriptions etc. even without a particular marking in this works is in no way to be construed to mean that such names may be regarded as unrestricted in respect of trademark and brand protection legislation and could thus be used by anyone.

Cover image: www.ingimage.com

Publisher: Éditions universitaires européennes is an imprint of the publishing house
Südwestdeutscher Verlag für Hochschulschriften GmbH & Co. KG
Heinrich-Böcking-Str. 6-8, 66121 Saarbrücken, Germany
Phone +49 681 3720-310, Fax +49 681 3720-3109
Email: info@editions-ue.com

Printed in the U.S.A.
Printed in the U.K. by (see last page)
ISBN: 978-613-1-56190-0

REMERCIEMENTS ET DEDICACES

Ces phrases de remerciements sembleront peut être longues. Non pas que je ne veuille oublier personne –car je ne pourrai y couper – mais je suis conscient que de petites causes ont de grands effets. Je suis donc heureux de pouvoir rendre hommage par la plume en attendant la voix vive, à ces papillons qui par leurs battement d'ailes ont du déclencher des tempêtes…

Tout d'abord je remercie Messieurs S. NDIAYE, A. RAIMY, K. KONATE, I. NIANG et les professeurs Chérif BADJI et Mamadou SANGHARE qui ont bien voulu juger et évaluer ce travail malgré leurs contraintes de temps.

Je remercie Monsieur Mbaye SENE, mon encadreur, pour cette année de D.E.A. Elle fut enrichissante grâce à lui et à bien des niveaux. D'abord pour la confiance qu'il m'a portée en acceptant de m'encadrer, mais aussi pour m'avoir fait découvrir plus en avant le monde de la recherche avec un sujet passionnant, d'actualité et aussi très large.

Je tiens aussi à remercier Messieurs Mamadou THIONGANE, Idrissa SARR, Modou GUEYE et Youssou KASSE pour avoir accepté de relire mon travail avec attention et fait part de leurs remarques le concernant. Ainsi que leurs contributions (Idrissa SARR) qui m'ont fait découvrir des problématiques proches de mon sujet et aux solutions élégantes qu'ils ont proposées.

Je remercie aussi Monsieur Philippe GAURON du LRI (Laboratoire de Recherche en Informatique) à Paris XII pour toute la documentation qu'il m'a fournie et les conseils fort utiles.

Mes remerciements vont aussi droit à mes camarades de promotion qui ont toujours été là pour me redonner confiance et m'encourager. Mais aussi parce que les idées qui me sont venues à l'esprit durant ce stage de recherche sont intimement liées à l'état d'esprit du moment, et leur inspiration a pu venir d'une conversation anodine, d'un tour de promo ou même de silences complices.

Je remercie aussi tout spécialement ma famille, et particulièrement ma mère qui a toujours été là. Je ne saurai la remercier assez, mais je prie DIEU de pouvoir un jour lui rendre ne serai une infime partie de toute cette attention, cet amour, ce soutien inconditionnel et éternel. Merci m'man.

Je me dois aussi de remercier celles et ceux qui ont fait un bout de chemin avec moi, parce qu'ils ont su me soutenir en silence ou juste été là, qu'ils ont supporté mes hauts et mes bas. Je veux nommer Fodé CAMARA, mon voisin et ami de longue date, ses remarques et tous ces actes que je ne saurai citer ici, merci Fo. Merci Marie, toi qui as su m'aider et me soutenir à bien des fois et me remonter le moral lors des moments difficiles.

J'ai sûrement oublié plusieurs personnes qui ont contribué de près ou de loin à la réussite de ce mémoire, qu'ils n'en prennent pas ombrage mais qu'ils acceptent en compensation mon sourire comme preuve de ma gratitude lors de nos rencontres futures *in cha Allah*.

Je dédie ce travail à feu mon père, à ma mère et tous ceux que j'ai cité plus haut.

Table des matières

Introduction

Les systèmes pair-à-pair ont pour but la *mise en relation d'utilisateurs* (personnes ou machines) afin de *mutualiser des ressources* (processeurs, espace mémoire, fichiers). Ils sont apparus dans Internet à la fin des années 90, et ont été depuis en développement continuel. Ces systèmes sont parfois appelés réseaux pair-à-pair par référence au réseau d'interconnexion des utilisateurs du système. D'abord apparus à des fins de partage de fichiers, les systèmes pair-à-pair sont utilisés depuis quelques années pour des applications variées nécessitant une décentralisation (grilles, réseaux ad-hoc, etc.). Depuis les débuts d'Internet, le modèle client serveur était le modèle de référence pour la mise à disposition de ressources. Dans ce modèle un serveur stable donne accès à des ressources ; il peut s'agir :

- De services, comme le fait un DNS (Domaine Name System) qui traduit les noms de domaines en adresses IP ;
- De fichiers, comme le font les serveurs FTP (File Transfert Protocol) ;
- D'un contenu multimédia diffusé en continu comme les radios et télévisions en ligne ;
- Ou encore de contenus plus complexes comme le font les sites qui donnent accès à des pages hypertextes ou des bases de données.

Lors de l'utilisation du modèle client-serveur, il est nécessaire de prévoir une augmentation potentiellement rapide de la charge. Ceci nécessite toutefois des ressources importantes, et impose des contraintes d'entretien, de bande passante, de sécurité, de charge et de rapidité d'accès à la ressource. Toutes ces exigences rendent de tels systèmes coûteux.

Le problème de bande passante, de sécurité et de charge peuvent être réduits en multipliant les serveurs, ou par la mise en place de la redondance des objets dans le réseau. Cette redondance permet un accès aux ressources partagées plus rapides, car les serveurs peuvent être répartis judicieusement en fonction de la localisation des utilisateurs (si on la connait). Cependant, cette solution accroît les coûts d'entretien car le nombre de serveurs nécessaires augmente. De ces constatations est né le besoin de migrer d'un modèle client-serveur à un modèle plus décentralisé : le paradigme pair-à-pair. Au nombre de ses avantages, on peut citer une meilleure exploitation globale des ressources, une plus grande résistance aux pannes et à certains types d'attaque. Cependant le prix à payer n'est pas négligeable et se traduit par l'apparition de nouveaux problèmes spécifiques à l'environnement distribué et une plus grande complexité algorithmique. Par exemple, la liberté de chaque participant du *pair-à-pair* de rejoindre ou quitter le système impose un mécanisme de maintenance permanent des tables de routage. Cette liberté peut aussi imposer une réorganisation des données ou des programmes entre les participants restés actifs.

D'un point de vue Bases de données, assurer les propriétés ACID dans un environnement par essence très variable et autonome est une problématique complexe. Actuellement, la recherche est essentiellement autour d'une problématique plus simple : le stockage et la gestion des données.

Toutefois, les systèmes pair-à-pair décentralisés ne peuvent faire appel à un serveur pour coordonner l'interconnexion des utilisateurs et assurer les faibles délais aux requêtes. C'est pourquoi sont apparus des systèmes pair-à-pair qui imposent une structure entre les utilisateurs, afin de garantir un faible diamètre : il s'agit des systèmes décentralisés structurés. Ces systèmes s'inspirent de structures de graphes statiques pour interconnecter les utilisateurs, représentés sous forme de nœuds. Ils ont ainsi pu se passer de serveurs pour assurer une répartition de la charge parmi les nœuds en terme :

- De trafic de contrôle reçu et envoyé par chaque nœud, ce qui revient à limiter leur degré ;
- De nombre de requêtes transmis à un nœud, ce qui nécessite une répartition des chemins entre les nœuds ;
- De responsabilité pour l'accès aux ressources partagées dans le réseau.

Enfin, ces systèmes ont souvent pu utiliser un routage proche de celui du graphe dont ils s'inspirent, diminuant ainsi le nombre de messages de requêtes transitant dans le réseau.

Par ailleurs, l'étude des échanges dans les systèmes pair-à-pair a permis de proposer des alternatives pour l'amélioration de ces systèmes. Des études ont été effectuées au moyen de graphes d'échanges qui représentent les utilisateurs par des nœuds et les échanges entre deux nœuds par une arête. Plusieurs propriétés ont été observées, en particulier une distribution des degrés en loi puissance, ce qui signifie qu'une grande partie des nœuds échangent avec peu de nœuds, tandis qu'il existe toujours des nœuds qui échangent avec un nombre important d'autres nœuds. Par ailleurs, une agrégation des nœuds dont les intérêts sont proches a été relevée, ce qui sous-entend que les échanges se font en majeure partie au sein de communautés d'intérêts. L'étude de ces propriétés a permis différentes propositions permettant :

- Soit un nouveau routage efficace dans les graphes à distribution de degré en loi de puissance ;
- Soit l'amélioration de systèmes pair-à-pair déjà existants, en ajoutant à chaque utilisateur des voisins susceptibles de répondre à leurs requêtes.

Ces propositions ont pour objectif principal la réduction des délais des requêtes, et ce sans avoir à maintenir une structure entre les nœuds, ni un annuaire centralisé.

Dans ce mémoire, nous nous intéressons à l'amélioration des structures d'interconnexion pour les systèmes pair-à-pair décentralisés dans le but d'assurer de *faibles délais de recherches*. En plus du temps de recherche, nous voulons permettre l'arrivée et le départ des utilisateurs au cours du temps. Nous nous appliquons aussi à permettre une recherche exhaustive, afin de toujours trouver au moins une réponse s'il en existe une dans le réseau. Pour cela, nous utilisons deux types de systèmes pair-à-pair, tous deux totalement décentralisés :

- Les réseaux à contenu adressable, pour les garanties de performances qu'ils mettent ;
- Les réseaux décentralisés non structurés, pour assurer une recherche évoluée.

Pour nos travaux, nous présentons dans un premier chapitre le paradigme *pair-à-pair* et faisons l'état des lieux des systèmes existant. En synthèse, nous mettons en évidence les paramètres capitaux d'un système *pair-à-pair*. Dans le second chapitre nous faisons une étude analytique des systèmes pair-à-pair décentralisés avec inondation probabiliste pour en ressortir les améliorations apportées par rapport à l'inondation totale.

Au troisième chapitre nous décrivons les propriétés observées dans les graphes d'échanges des utilisateurs: distribution des degrés en loi de puissance et agrégation des nœuds en communauté. Nous verrons ensuite quelles ont été les propositions d'utilisation de chacune de ces deux propriétés, que ce soit pour l'amélioration du routage dans les graphes à distribution de degré en loi puissance, ou l'utilisation des communautés pour trouver plus rapidement des réponses aux requêtes des nœuds.

Ensuite, dans ce même chapitre, nous proposons une méthode qui tire avantage des deux propriétés de distribution des degrés en loi de puissance et d'agrégation des nœuds en communautés, jusque là exploitées séparément. Cette méthode ne requiert pas l'utilisation d'un quelconque système sous-jacent. Elle permet d'obtenir des temps de recherches et un diamètre moyen comparables aux réseaux à contenu adressable tout en ne demandant pas le maintien d'une structure spécifique entre les nœuds et en autorisant des requêtes bien plus évoluées.

Dans un quatrième chapitre, nous montrons la validation de notre proposition par une simulation. Enfin, nous clorons ce mémoire par une conclusion générale.

1. Vue d'ensemble des systèmes pair-à-pair

1.1 Généralités

Les systèmes pair-à-pair sont des systèmes visant à permettre à des utilisateurs la mise en commun d'objets et leur recherche en vue de leur récupération (pour les fichiers) ou de leur utilisation (pour les ressources de calcul). Dans la suite, le terme *objet* sera utilisé pour nommer indistinctement une ressource de calcul, un fichier, ou une autre information (entrée DNS par exemple), et le terme *récupération* sera utilisé qu'il s'agisse d'obtenir un accès à une ressource de calcul, de télécharger un fichier, ou d'obtenir une autre information.

Les systèmes pair-à-pair ont plusieurs caractéristiques les distinguant des autres systèmes de partage d'objets.

- Ils permettent de représenter des échanges sociaux au sens où ils lient des utilisateurs qui interagissent de manière humaine. Les objets sont échangés selon les intérêts des utilisateurs.
- Le nombre d'utilisateurs d'un système pair-à-pair peut être très important, de l'ordre du millier ou million selon les systèmes [22].
- Ils sont dynamiques, car ils doivent permettre à chaque instant l'arrivée et le départ d'utilisateurs.
- Ils sont décentralisés, au moins en partie : la récupération des objets, voire la recherche d'objets, ne nécessite pas l'utilisation de serveurs stables.

Dans ce mémoire, le terme de *réseau pair-à-pair* sera utilisé pour désigner un réseau d'utilisateurs créé par un système pair-à-pair. La dénomination de *système pair-à-pair* sera utilisée pour parler du fonctionnement des protocoles de recherche et de publication et non uniquement de l'interconnexion des utilisateurs. La récupération des objets sera à l'inverse peu abordée ici.

Nous effectuerons l'étude des réseaux pair-à-pair essentiellement au travers d'une modélisation par des graphes. Nous allons voir dans la suite comment utiliser le formalisme de la théorie des graphes dans le cadre des systèmes pair-à-pair.

9

1.2 Modèle utilisé

Permettre la recherche d'objets dans les systèmes pair-à-pair demande de répondre à plusieurs questions. Comment les nœuds sont-ils connectés entre eux ? Comment sont envoyés les messages dans le réseau ainsi créé ? Afin d'utiliser une terminologie claire, les notations utilisées dans ce mémoire sont détaillées ci-dessous.

Terminologie

Un système pair-à-pair fait évoluer les machines connectées selon un protocole propre. Un *réseau logique* est l'interconnexion qui relie virtuellement les utilisateurs, au dessus du réseau *physique* permettant à toute machine de communiquer avec toute autre machine. Le réseau logique repose sur des connexions logicielles maintenues grâce à un protocole de communication (par exemple TCP/IP).

Un *nœud* représente un processus client-serveur exécuté sur une machine et permettant à un utilisateur d'utiliser le système pair-à-pair. Chaque nœud peut être tour à tour demandeur ou fournisseur d'un objet du système. Il peut jouer pour chaque requête le rôle de :

o client, lorsqu'il cherche un objet dans le réseau ;

o Serveur, lorsqu'il fournit un objet cherché par un autre nœud ;

o Routeur, lorsqu'il reçoit une requête qui devra être dirigé vers d'autres nœuds.

On nommera *logiciel client-serveur* un logiciel permettant d'accéder à un système pair-à-pair via un protocole donné (et permettant d'être client *et* serveur). Dans un système pair-à-pair, chaque nœud peut se servir d'un logiciel client-serveur différent, tant que ce logiciel est compatible avec le protocole avec le protocole utilisé. Afin de préciser le rôle d'un nœud à un instant donné, on pourra caractériser un nœud *client*, pour un nœud effectuant une recherche, et un nœud *serveur*, pour un nœud fournissant un objet, et un nœud *routeur* pour un nœud transmettant un message dans le réseau.

Un lien entre deux nœuds symbolise une connexion logicielle permettant la communication entre ces deux nœuds. Ces liens ont plusieurs caractéristiques.

- Un lien passe par plusieurs liens physiques.

- La traversée de chacun de ces liens peut prendre un temps arbitrairement long car les réseaux physiques (et donc les liens physiques) au dessus desquels sont créés les réseaux pair-à-pair sont souvent asynchrones.

- Enfin, si certains systèmes pair-à-pair utilisent des liens orientés pour le réseau logique, la plupart de ces systèmes sont basés sur le protocole réseau IP, qui permet de connaître l'origine d'un message. Il est alors possible et facile de connaître les liens entrants, même dans des systèmes pair-à-pair utilisant des liens non orientés.

Les systèmes pair-à-pair sont *dynamiques*, c'est-à-dire que chaque nœud peut arriver et repartir au cours du temps. Les utilisateurs doivent en effet pouvoir s'y connecter ou s'en déconnecter à volonté. La propriété précédente (forte connexité) doit bien sûr rester vérifiée au cours du fonctionnement du système, donc en cas de déconnexion de plusieurs nœuds.

Un envoi d'informations d'un nœud à un autre au sein du réseau sera nommé *message*. Lorsque ce message correspond à une recherche d'objet, il sera nommé *requête*.

– *Voisin d'un pair* : Un pair P est voisin d'un pair Q si Q est connu dans la table de routage de P. Cette relation n'est pas symétrique.

– *Topologie d'un P2P* : C'est la vue globale sur le P2P. Elle est un graphe dont les sommets sont les pairs. Un sommet N est connecté au sommet M si et seulement si N est voisin de M.

La topologie montre la connectivité du P2P. Elle est très liée au mécanisme de routage.

– *Espace dataID* : Chaque donnée du système a une clé dataID qui l'identifie. L'espace de ces clés est l'Espace dataID. Les clés peuvent être générées aléatoirement, par une fonction de hachage, ou obéir à une logique propre à l'application. Par exemple, dans une application de gestion de bibliothèque, il est primordial que les clés respectent une structure arborescente (exemple : sciences/sociales/sociologie/...). L'Espace dataID est donc un espace qui peut être équiréparti ou disparate, homogène ou hétérogène.

– *Espace nodeID* : Chaque pair a une identité logique dans le P2P. Cette identité est-à-priori indépendante de son adresse IP.

– *Distributed Hash table (DHT)* : C'est l'extension du concept de fonction de hachage en environnement distribué. Il s'agit d'une table distribuée indexée par des clés générées par une fonction de hachage distribuée. Cette notion peut être vue comme une boîte noire qui prend en entrée une dataID et fournit en sortie le nodeID en charge de la donnée.

1.2 Quelques systèmes Pair-à-pair

Tous les systèmes P2P s'appuient sur un réseau P2P pour fonctionner. Ce réseau est construit au dessus d'un réseau physique existant (habituellement Internet), et désigné ainsi sous le nom du réseau *overlay*. Le degré de centralisation et la topologie du réseau overlay impactent fortement les propriétés non fonctionnelles du système P2P, telles que la tolérance aux fautes, l'auto organisation, la performance, la scalabilité, et la sécurité. Pour plus de simplicité nous considérons trois classes principales de réseaux P2P : les réseaux non structurés, les réseaux structurés, et les réseaux hybrides ou 'super-pair'.

1.3.1 Les systèmes pair-à-pair hybrides ou 'super pair'

Les réseaux Pair-à-pair structurés et non structurés sont considérés comme 'pur' parce que tous leurs pairs ont les mêmes fonctionnalités. Contrairement, les réseaux super pairs sont hybrides entre les systèmes Client/serveur et les réseaux P2P purs. Comme les systèmes Client/serveur, certains pairs, notamment les super pairs, agissent comme des serveurs dédiés pour certains autres pairs et peuvent exécuter certaines fonctions complexes telles que l'indexation, le traitement des requêtes, le control d'accès, et la gestion de méta données. L'utilisation de seulement un super pair réduit au Client/serveur avec tous les problèmes associés à un seul serveur. Comme pour les réseaux P2P purs, les super pairs peuvent être organisés en P2P structuré ou non structuré et communiquer entre eux, de ce fait permettant le partitionnement ou la réplication d'information globale à travers tous les super pairs. Les super pairs peuvent être élus dynamiquement (se basant sur la bande passante et la puissance de calcul) et remplacés en cas de pannes.

Dans les réseaux super pairs, un pair demandeur envoie simplement sa requête, qui peut être exprimée dans un langage de haut niveau, vers le super pair responsable. Le super pair peut ainsi trouver les pairs 'significatifs' (c à d susceptibles d'avoir la donnée) aussi bien directement à travers ses indexes ou indirectement en utilisant ses super pairs voisins.

Les avantages majeurs des réseaux super pairs sont l'efficacité et la qualité du service (l'utilisateur perçoit l'efficience, i.e. complétude des résultats des requêtes, le temps de réponse d'une requête, etc.). Le temps nécessaire pour une donnée par accès direct aux indices dans un réseau super pair est très petit comparé à l'inondation. En plus, les réseaux super pairs exploitent et prennent l'avantage des différences de capacité des pairs en termes de puissance du processeur, de la bande passante, ou la capacité de stockage de telle sorte que les super pairs occupent une grande portion de la charge totale du réseau. Au contraire, dans les réseaux P2P purs, tous les nœuds sont équitablement chargés sans se soucier de leurs capacités. Le control d'accès peut aussi être renforcé puisque les répertoires et les informations liées à la sécurité peuvent être maintenus sur les super pairs. Toutefois, l'autonomie est restreinte puisque les pairs ne peuvent pas se fixer librement sur un super pair. La tolérance aux pannes est tout aussi moindre.

Exemples : Napster, KaZaA [6]. Dans sa version plus récente aussi Gnutella s'appuie sur les super pairs [5].

1.3.1.1 Napster

Napster a été conçu pour permettre le partage de fichiers musicaux entre internautes. *Routage* : Il est basé sur une base de données qui centralise les informations sur les ressources disponibles. Un client, à la recherche d'un fichier, s'adresse préalablement au serveur d'informations qui lui fournit les pairs disposant du fichier. Par la suite, l'interaction entre le client et le fournisseur est directe. *Remarque* : D'un point de vue puriste, Napster n'est pas un réel P2P.

Figure 1.x Architecture de Napster

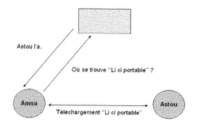

<u>Figure 1.x Exemple de requête dans Napster</u>

1.3.1.2 KaZaA [7]

KaZaA [7] est un système Pair-à-pair propriétaire de *Sharman Networks*, créé par les mêmes personnes que *Skype* (dont le fonctionnement est d'ailleurs proche). Il est néanmoins assez bien connu car des implémentations libres ont vu le jour du fait de sa popularité. KaZaA étend le système centralisé de Napster à un serveur lui même distribué. KaZaA introduit ainsi le concept de *Super-pair*, un sous ensemble de pairs qui jouent le rôle du serveur de Napster. Chaque pair "normal" connaît un *Super-pair*, sur lequel il publie ses partages et envoie toutes ses requêtes. Les *Super-pairs* communiquent ensuite entre eux. Pour relier les *Super-pairs*, des réseaux non structurés (section 1.3.2) ou structurés (section 1.3.3) peuvent être utilisés. Les développeu rs de KaZaA ont opté pour une approche non structurée (figure 1.x).

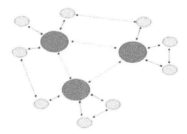

FIG. 1.x – Topologie du réseau KaZaA.

Cette organisation permet de réaliser des requêtes aussi complexes que dans Napster, tout en évitant les faiblesses de passage à l'échelle de la centralisation. Néanmoins, le choix des *Super-pairs* n'est pas facile, puisque pour un réseau fonctionnant de manière optimale ces

Super-pairs doivent être assez puissants et bien connectés. De plus, bien qu'il soit intéressant de séparer les pairs en catégories selon leurs capacités, il est dommage de se limiter à deux types de nœuds quand les différences de capacités peuvent atteindre plusieurs ordres de magnitude. En l'absence de centralisation claire, la présence d'une autorité ponctuelle est remise en cause.

1.3.2 Systèmes pair-à-pair décentralisés non structurés

Dans les réseaux Pair-à-pair non structurés, le réseau overlay est construit d'une manière non déterministe (ad hoc) et le placement des données est complètement indépendant de la topologie du réseau overlay. Chaque pair connaît ses voisins, mais ne connaît pas les ressources qu'ils ont. Le routage des requêtes est typiquement fait par inondation des requêtes vers les pairs qui sont dans une distance limitée (par un nombre de bonds maximum) par rapport à l'origine de la requête. Il n'y a aucune restriction sur la manière de décrire la donnée désirée (expressivité des requêtes), cela veut dire qu'on peut utiliser la recherche par mots-clés, ou des requêtes semblables à celles avec SQL, ou d'autres approches pour effectuer la recherche. La tolérance aux pannes est très élevée puisque que tous les pairs fournissent des fonctionnalités égales et sont capables de répliquer les données. En plus, chaque pair est autonome quant à la décision de la donnée à stocker. Les principaux problèmes des réseaux non structurés sont le passage à l'échelle et l'incomplétude des résultats des requêtes. Les mécanismes de routage de requêtes basés sur l'inondation ne passent pas souvent à l'échelle (en un grand nombre de pairs) à cause de la quantité de charge qu'ils font subir au réseau. Aussi, l'incomplétude des résultats peut être élevée du fait que certains pairs contenant des données significatives peuvent ne pas être atteints parce qu'ils sont très éloignés de l'origine de la requête.

Pour illustrer, nous étudions le cas de Gnutella [5], GIA [3] et Freenet [6, 24, 29]

1.3.2.1 Gnutella [5]

Gnutella, (GNUTELLA), est un P2P complètement décentralisé. *Routage* : Un client du système, à la recherche d'un fichier, propage sa requête à ses voisins. Quand un voisin ne détient pas le fichier, il propage à son tour la requête à ses propres voisins. Le mécanisme de routage est donc un mécanisme d'inondation. Une valeur TTL est affectée à la requête initiale et est décrémentée à chaque propagation. Quand cette valeur devient nulle, on arrête l'itération. *Construction* : Le système se construit à partir d'interactions *ping-pong* entre les pairs. Pour entrer dans le système, le nouveau pair doit connaître des pairs de contact. Il "ping" un contact qui répond par un "pong". Celui-ci transmet les adresses de ses voisins. Le nouveau pair ping ensuite ces voisins et ainsi de suite ... construit au bout d'une itération finie et connaît son voisinage. *Topologie* : Gnutella a une topologie de graphe aléatoire caractérisé par une forte présence de *small-worlds* [23]. Un small-world regroupe des pairs très fortement connectés entre eux.

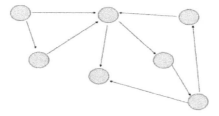

Figure 1.x Topologie du réseau Gnutella

Remarque : Dans Gnutella, aucune estimation déterministe comme probabiliste du nombre de *hops* (sauts) pour répondre à une requête soluble ne peut être donnée.

1.3.2.2 GIA [3]

Gia [3] est un réseau non structuré basé sur Gnutella, permettant plus facilement le passage à l'échelle. Pour cela, Gia adapte et étend le principe des *Super-pairs* dans un réseau non structuré. Dans un réseau non structuré, les nœuds qui ont le plus de travail sont ceux qui ont le plus haut degré (ils doivent traiter et transmettre plus de requêtes). Gia introduit un paramètre de *capacité* local à chaque nœud, reflétant sa puissance (bande passante, CPU, . . .), et assure que les nœuds à plus haut degré sont les nœuds à plus haute capacité. La plupart des nœuds sont par conséquent proche d'un nœud à haute capacité. Ces nœuds à haute capacité sont ainsi vus comme des *Super-pairs*, la différenciation se faisant en plus de manière continue et non discrète (il n'existe pas deux catégories de pairs, mais une infinité) (figure 1.4). En plus de cela, Gia intègre un mécanisme de contrôle de flux. Afin d'éviter qu'un nœud ne reçoive plus de requêtes que ce qu'il peut traiter, chaque nœud envoie à ses voisins des jetons périmables qui leur permettent de se connecter. Pour permettre des réponses plus rapides, les nœuds répliquent le catalogue de leurs voisins : les nœuds fortement connectés ont donc de grandes chances de pouvoir répondre directement aux requêtes au lieu de leurs voisins, sans les retransmettre. Enfin, tous ces mécanismes permettent d'exploiter efficacement les requêtes par *marche aléatoire biaisée* au lieu des inondations. Lors d'une marche aléatoire, le nœud recevant une requête retransmet la requête à un unique nœud choisi aléatoirement (s'il ne peut pas répondre directement). Dans le cas de la marche aléatoire biaisée, ce nœud est choisi de manière déterministe. Ici, chaque nœud retransmet à son voisin ayant le plus haut degré. Grâce à la réplication des catalogues, cette marche aléatoire biaisée fonctionne de manière très satisfaisante avec Gia. Gia repose donc assez fortement sur le protocole de Gnutella, en ajoutant des mécanismes pour contrôler la création du graphe du réseau et ainsi pouvoir réaliser des requêtes efficaces. Les spécificités de Gia demandent une coopération accentuée entre les nœuds. Sans cette coopération, le graphe d'un réseau Gia n'est pas différent de celui d'un réseau Gnutella et les requêtes par marche aléatoire ne peuvent plus fonctionner.

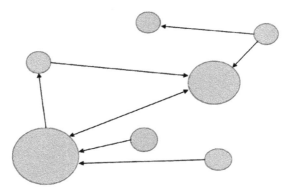

FIG. 1.4 – Topologie du réseau Gia. La taille des nœuds est proportionnelle à leur *capacité* : les nœuds à forte capacité sont plus fortement connectés.

1.3.2.3 Freenet [6, 24, 29]

Freenet a été conçu pour le partage anonyme de données. *Routage*: Le mécanisme de routage est adaptatif. Chaque pair dispose d'une cache et d'une table de routage enregistrant les dataIDs et pairs rencontrés. Quand un pair P récupère une donnée dataID auprès d'un pair Q, la donnée est répliquée dans les caches des pairs situés le long du chemin P-Q et le couple (dataID, Q) est sauvegardée dans la table de routage. Contrairement à Gnutella, le mécanisme de recherche n'est pas du *breadth-first (premier soufle)* mais plutôt du *depth-first (profondeur d'abord)*. Un pair n'inonde pas, il explore entièrement un chemin avant de passer à un autre dans le cas où il ne trouve toujours pas la donnée. *Topologie* : La topologie de Freenet est également un graphe constitué de small-worlds et de *short paths*. *Remarque* : La stratégie de réplication de cache de Freenet est conçue de façon à regrouper les dataIDs similaires sur des nœuds interconnectés. L'évolution du système aboutit donc à une spécialisation des pairs. Par ailleurs le nombre de pas pour une recherche réussie est de l'ordre de LOG(N) où N est le nombre de pairs.

1.3.3 Systèmes pair-à-pair décentralisés structurés

Les réseaux structurés ont émergés pour résoudre les problèmes des réseaux non structurés. Ils atteignent ce but en contrôlant fermement la topologie overlay et le placement des données. Les données (ou les pointers vers ces données) sont placées à des emplacements spécifiés de manière précise et les mappages entre les données et leur emplacement (c à d que l'identifiant est mappé vers l'adresse d'un pair) sont assurés sous forme d'une table de hachage distribuée.

La table de hachage distribuée (THD) est le principal représentant des réseaux P2P structurés. Une THD fournit l'interface d'une table de hachage avec les primitives put (clé, valeur) et get (contenus d'objet) correspondant à un certain ensemble (gamme) de clés. Chaque pair connaît un certain nombre de pairs, appelés voisins, et garde une table de routage qui associe les identifiants de ses voisins aux adresses correspondantes. La plupart des opérations d'accès de données d'une THD consistent à une consultation, pour trouver l'adresse du pair *P* qui a la donnée recherchée, suivie par une communication directe avec *p*.

Dans la phase de consultation, plusieurs bonds sont effectués en accord avec le voisinage du nœud.

Les requêtes peuvent être routées efficacement puisque le mécanisme de routage permet de trouver le pair responsable pour une clé en *O(log n)* bonds, où n est le nombre de pairs dans le réseau. Parce qu'un pair est responsable du stockage des valeurs correspondantes à sa gamme de clés, l'autonomie est limitée. En outre, les requêtes dans les THD sont souvent limitées à la recherche par mots-clés qui exige une correspondance exacte.

Exemple : Chord [9], CAN [8].

1.3.3.1 Chord [9]

Chord [9] repose sur une structure en anneau, représentant un grand nombre de valeurs. Les identifiants de nœuds et de ressources sont des hash *SHA-1* (donc sur 160 bits), réalisés à partir de l'IP pour les nœuds. Chord fournit uniquement le routage d'un message vers le nœud possédant la ressource.

Chaque ressource est assignée à un nœud de la manière suivante : une ressource d'identifiant *id* est assignée au nœud possédant le premier identifiant supérieur à *id* (figure 1.6). Étant donnée la nature volatile des réseaux Pair-à-pair, un nœud entrant peut donc prendre le contrôle d'une ressource existante.

Routage Pour permettre le routage des messages, les nœuds forment une liste simplement chaînée, chacun ne connaissant que son successeur. Les messages sont donc ainsi routés le long de l'anneau, tant que l'identifiant du nœud courant est inférieur à l'identifiant recherché. Dès qu'un nœud reçoit une requête pour une ressource d'identifiant immédiatement inférieur à lui, il sait qu'il est responsable de cette ressource (car le nœud précédent avait donc un identifiant inférieur à cette ressource). Ce routage "naïf" est cependant en *O(N)*. La *Finger-table* a donc été ajoutée : il s'agit de raccourcis dans le routage.

Cette table de 160 entrées contient chaque successeur de $n + 2i$, n étant l'identifiant du nœud courant et *i* étant compris entre 0 et 159. Visuellement, il s'agit des successeurs dans le sens des aiguilles d'une montre en faisant des sauts de taille double à chaque fois. Le routage est donc finalement en $O(log(N))$.

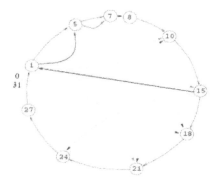

Figure 1.x Routage dans Chord

Un exemple de routage est dans la figure 1.x (précédente). Cette figure représente des nœuds dans un espace de nommage [0, 32[. Le nœud d'identifiant 15 envoie un message à destination de la clé 6. Des arcs pleins montrent le chemin suivi par le message de son origine à sa destination. Le voisinage des nœuds intervenant dans le routage (15, puis 1, puis 5, puis 7) de cette requête est représenté avec des arcs pointillés.

La requête est d'abord envoyée par le nœud 15 à son voisin d'identifiant 1 (le voisin qui a le plus grand identifiant modulo 32 inférieur à 6). Selon la même méthode, le message passe ensuite par 5 puis 7. Le message est alors arrivé à destination puisque la clé 6 est hébergée par le nœud 7 (c'est le nœud de plus petit identifiant supérieur à 6).

1.3.3.2 CAN [8]

CAN [8] propose une structure multidimensionnelle. Pour faciliter la compréhension, nous nous limiterons à deux dimensions dans les explications et les illustrations. CAN fournit donc un espace fini à deux dimensions. Chaque nœud est repéré par les coordonnées (x, x', y, y') de l'espace qu'il gère et chaque ressource est repérée par ses coordonnées (x, y) (figure 1.8). CAN rend des services de routage, de réplication et de répartition de charge.

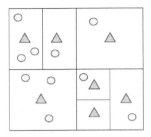

FIG. 1.8 – Structure de l'espace virtuel de CAN, en 2 dimensions.

L'espace est séparé en rectangles de tailles variables contenant chacun un nœud. Chaque nœud est responsable de toutes les ressources situées dans son rectangle. Le routage s'effectue en parcourant l'espace vers la ressource, jusqu'à atteindre le bon rectangle.

Routage : Chaque nœud connaît tous ses voisins immédiats dans l'espace virtuel, ainsi que la zone que chacun d'entre eux couvre. Lorsqu'un nœud veut router un message, il *choisit* de l'envoyer vers un nœud qui le rapproche de sa destination. En effet, plusieurs nœuds peuvent convenir et donc plusieurs routages sont possibles : le nœud cherche à optimiser le routage en envoyant par exemple vers un nœud proche géographiquement (ayant une latence faible). Ces multiples possibilités permettent également à CAN d'être naturellement résistant aux défaillances (figure 1.9).

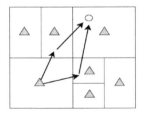

FIG. 1.9 – Exemples de routages possibles.

1.4 *Comparaison des systèmes pair-à-pair*

Dans une perspective de gestion des données, les principaux besoins d'un réseau P2P sont [1] : autonomie, l'expressivité des requêtes, efficacité, qualité de service, tolérance aux fautes, et la sécurité. Nous décrivons ces besoins dans ce qui suit. Alors, nous comparons les réseaux P2P en se basant sur les critères suivants :

- **Autonomie** : Un pair autonome devrait pouvoir rejoindre ou quitter le système à tout moment sans restriction. Il devrait être capable de contrôler les données qu'il stocke et quels autres pairs peuvent stocker ses données, i.e. d'autres pairs en qui on a confiance (fidèles).

- **L'expressivité des requêtes** : le langage de requête devrait permettre à l'utilisateur de décrire la donnée désirée avec un niveau de détail approprié. La forme la plus simple d'une requête est la recherche par clé qui est seulement adaptée pour trouver des fichiers. La recherche par mot-clé avec un arrangement des résultats (par ordre d'importance) est adaptée pour la recherche de documents. Mais pour des données plus structurées, un langage de requête comme SQL est nécessaire.

- **Efficacité** : l'utilisation efficace des ressources du réseau P2P (bande passante, puissance de calcul, stockage) devrait avoir comme conséquences un moindre coût et une plus grande capacité de traitement des requêtes, i.e. un plus grande nombre de requêtes peut être traité par le système P2P en un temps donné.

- **Qualité de service** : Fait référence à l'efficacité perçue par l'utilisateur du réseau P2P, i.e. complétude des résultats des requêtes, la cohérence des données, la disponibilité des données, le temps de réponse d'une requête, etc.

- **Tolérance aux pannes** : Efficacité et la qualité du service devraient être disponibles malgré l'occurrence des pannes de pairs.

- **Sécurité :** La nature ouverte d'un réseau P2P fait que la sécurité est un défi majeur puisqu'elle ne peut pas reposer sur des serveurs de confiance. Dans la gestion des données, le principal problème de sécurité est le contrôle d'accès qui inclut le respect des droits de la propriété intellectuelle sur le contenu des données.

Le tableau 1 résume comment les exigences pour la gestion des données sont probablement atteintes par les trois principales classes de réseaux P2P. C'est une ébauche de comparaison pour comprendre les 'valeurs' respectives de chaque classe. Par exemple, ''élevé'' signifie qu'elle peut être élevée. Evidemment, il y'a un contexte pour l'amélioration des mesures dans chaque classe de réseaux P2P. Par exemple, la tolérance aux pannes peut être plus élevée dans les super pairs en s'appuyant sur les techniques de réplication et de *Fail-over*.

Critères	Non structurés	Structurés	Hybrides
Autonomie	Elevé	Basse	Modéré
Expressivité des requêtes	''élevé''	Basse	''élevé''
Efficacité	Basse	Elevé	Elevé
QoS	Basse	Elevé	Elevé
Tolérance aux fautes	Elevé	Elevé	Basse
Sécurité	Basse	Basse	Elevé

Tableau1. Comparaison des réseaux pairs

Conclusion

Dans ce chapitre nous avons vu les systèmes P2P et le traitement des requêtes dans ces systèmes. Nous avons introduit les principaux types de réseaux pair à pair : non structurés, structurés et super pair. Nous avons brièvement décrit chacun de ces réseaux P2P.

Par la suite, dans la seconde partie du chapitre, nous avons présenté les techniques de routage des requêtes aux pairs pertinents. Nous avons dans un premier temps décrit les algorithmes de routage des requêtes dans les systèmes non structurés. Le principal défi dans ce type de systèmes est comment router la requête pour obtenir des réponses de haute qualité et en minimisant le coût de communication. Souvent, les algorithmes où les pairs maintiennent certaines statistiques sont plus performants que les autres. Toutefois, pour des systèmes très dynamiques, ces algorithmes risquent de causer une grande surcharge communicationnelle sans un gain significatif en qualité des réponses. Par ailleurs, les systèmes P2P structurés (sous DHT) fournissent une bonne gestion des données d'un système distribué à large échelle, avec une grande efficacité dans les recherches par clef mais ne fournissent pas, dans leur configuration de base, un langage de requête de haut niveau pour localiser les données stockées.

Finalement, nous avons tenté une analyse croisée de ces techniques de routage et dégagé quelques perspectives d'amélioration.

Dans le prochain chapitre nous introduirons la théorie des graphes, notamment nous présenterons les graphes aléatoires généralisés, qui nous servirons de modèle analytique pour étudier les inondations probabilistes.

2. Etude analytique des réseaux pair-à-pair décentralisés non structurés

Depuis quelques années une émergence dans le domaine des techniques analytiques d'investigation des réseaux P2P est apparue [47, 48, 49,50]. L'analyse des stratégies de recherche dans les réseaux P2P décentralisés et non structurés a été conduite dans [51] par une simulation pour analyser quelques variations de l'algorithme d'inondation.

Un certain nombre d'articles exploitent les graphes aléatoires pour modéliser et analyser les réseaux P2P. Dans l'article [46], les auteurs définissent un modèle de graphe aléatoire évoluant pour étudier l'évolution des communautés P2P comme Gnutella ou FreeNet ; ce modèle est très précis car les réseaux P2P sont très dynamiques mais leur technique permet seulement d'obtenir des résultats basiques.

Dans ce chapitre, nous nous proposons de faire une étude analytique des réseaux pair-à-pair non structurés avec la recherche par inondation probabiliste. Nous utilisons les graphes aléatoires généralisés pour la modélisation et les fonctions génératrices de distribution des degrés pour évaluer certaines métriques liées à la recherche dans un tel type de réseau.

2.1 Définitions de base

Un graphe G est un couple (V, E), où V est un ensemble (dont les éléments sont appelés sommets) et E est une partie de $V \times V$. On peut distinguer les graphes orientés pour lesquels les éléments de E sont des couples (ordonnés) de sommets et les graphes non orientés pour lesquels les éléments de E sont des paires (non ordonnées) de sommets. Les éléments de E sont appelés arcs dans le cas orienté et arêtes dans le cas non orienté. Dans la suite, nous aurons tendance à parler de *liens*, le contexte permettant de faire la distinction.

Un graphe valué est un triplet (V, E, ω) où $\omega : E \rightarrow IR$ est une fonction associant à chaque lien un poids réel ou entier, selon les cas, et généralement positif. Dans la suite, les graphes sont valués.

Dans un graphe orienté (resp. non orienté), un chemin (resp. une chaîne) entre deux sommets u et v est une suite de sommets reliés deux à deux par des arcs (resp. arêtes). On utilisera essentiellement le terme chemin dans la suite, même pour des graphes non orientés. Si $u = v$, on parlera alors de cycle. La longueur d'un chemin est le nombre d'arcs qu'il contient. Un cycle de longueur 1 est un lien de u vers v et est appelé une boucle. Parmi tous les chemins reliant deux sommets, on peut distinguer les plus courts chemins qui sont ceux de longueur minimale si le graphe est non valué. La distance entre deux sommets est la longueur du plus court chemin les reliant.

Le degré d'un sommet u, noté d(u), est le nombre d'arcs qui y sont reliés. Dans le cas orienté, on parlera de degré entrant, noté $d^+(u)$, pour les arcs allant vers ce sommet u et de degré sortant pour les arcs qui en partent, et on le notera $d^-(u)$. Pour un sommet u, on note $N(u)$ l'ensemble des voisins de u.

Un graphe aléatoire est une collection de sommets V, avec des arêtes (E) reliant les sommets par pair au hasard. On définit donc $G = (V, E)$ un graphe aléatoire possédant $|V| = n$ sommets et une arête existe entre 2 sommets avec probabilité p et absente avec probabilité $1 - p$, ce model est le plus connu et il est appelé $G(n, p)$.

2.2 Graphe aléatoire généralisé et recherche probabiliste

Paul Erdös et Alfred Rényi [42] ont montré que la distribution du degré d'un sommet dans un graphe aléatoire est une Loi de Poisson. Malheureusement les graphes aléatoires ne sont pas représentatifs des réseaux d'aujourd'hui, en particulier dans les réseaux P2P, les articles [43] et [44] présentent une évaluation quantitative du comportement des systèmes P2P basées sur un "crawler" pour extraire la topologie du réseau de Gnutella. Leur conclusion implique que le réseau Gnutella est très loin de ressembler à un graphe aléatoire possédant une Loi de Poisson.

Rappel : Loi de Poisson : Soit λ un réel strictement positif. Une variable aléatoire X suit une loi de Poisson de paramètre λ, notée $P(\lambda)$, si, et seulement si :

$$\forall k \in \mathbb{N}, \mathcal{P}(X = k) = \frac{\lambda^k}{k!}e^{-\lambda}$$

Donc les graphes aléatoires ne suffisant pas, les graphes aléatoires généralisés (GAG) ont été introduits pour modéliser la topologie des réseaux P2P. Un GAG représente une famille de graphes avec un nombre donné de sommets (nœuds) où le degré d'un nœud choisi aléatoirement est spécifié par une distribution de probabilité arbitraire.

Dans un graphe aléatoire, la présence ou l'absence d'une arrête entre deux sommets est indépendante de la présence ou l'absence de toute autre arrête, ainsi toute arête doit être considérée présente avec une probabilité *p*.

S'il y'a *N* sommets dans un graphe, et chacun connecté en moyenne à *z* arrêtes, alors il est trivial de monter que p=z/(N-1), ce qui, pour N grand, est approximativement donnée par p ≈ z /N. Le nombre d'arrêtes connectées à un nœud est appelé le degré de ce nœud, et a une probabilité de distribution donnée par :

$$P_k = \binom{N}{k} P^k (1-p)^{N-k} \approx \frac{z^k e^{-z}}{k!}$$

Où, la seconde égalité devient égale pour la limite d'un N grand.

Cette distribution est reconnue comme celle de poisson : le graphe aléatoire normal a une distribution de Poisson pour les degrés de sommets.

L'article [45] présente une étude analytique des stratégies de recherches dans les réseaux P2P décentralisés et non structurés. **Le comportement du réseau P2P et de ses connexions sont modélisés par les graphes aléatoires généralisés dont l'analyse est accomplie en utilisant la fonction génératrice de la distribution du degré du graphe.** Pour faire notre étude analytique, nous nous baserons sur le Framework développé dans cet article [45]. Les résultats pour un GAG doivent en réalité être montrés comme des moyennes sur l'entière totalité des instances de graphe. Les principaux résultats sur l'utilisation des GAG pour modéliser les stratégies de recherche dans les réseaux overlay sont développés à partir des deux différentes fonctions génératrices suivantes pour les distributions de probabilité :

1. La fonction génératrice pour la distribution du degré d'un sommet est :

$$G_0(x) = \sum_{k=0}^{\infty} P_k \, x^k \qquad (1)$$

Où P_k est la probabilité qu'un sommet choisi aléatoirement soit de degré k. La distribution P_k est supposée correctement normalisée, ainsi on a $G_0(1)=1$.

La normalisation de la distribution de probabilité implique aussi que $G_0(x)$ est finie pour tout $|x|<=1$, toutefois, il peut avoir des pôles en dehors de cette région. Tous les calculs dans ce mémoire seront confinés dans la région $|x|<=1$.

La distribution P_k est donnée par la k-iéme dérivée de G_0 selon la formule :

$$P_k = \frac{1}{k!} \frac{d^k G_0}{dx^k}\bigg|_{x=0}$$

Ainsi, l'unique fonction $G_0(x)$ encapsule toute l'information contenue dans la distribution de probabilité discrète P_k. Nous disons que la fonction $G_0(x)$ « génère » la distribution de probabilité c.

Moments : la moyenne sur une distribution de probabilité générée par une fonction génératrice - par exemple, le degré moyen z d'un nœud dans le cas de $G_0(x)$ – est donnée par z = <k> :

$$z = \sum_k k P_k = G'_0(1)$$

Ainsi, si nous pouvons calculer une fonction génératrice, nous pouvons aussi calculer la moyenne de la distribution qu'elle génère. Les moments d'ordre supérieur peuvent aussi être calculés avec les dérivées de plus grand ordre. En général nous avons $<k^n>$ donné par:

$$\sum_k k^n Pk = \left[\left(x\frac{d}{dx}\right)^n G_0(x)\right]_{x=1}$$

Puissances : si la distribution d'une propriété k d'un objet est générée par une fonction génératrice donnée, alors la distribution totale des k, sommées sur m réalisations indépendantes de cet objet, est générée par la puissance m-iéme de cette fonction génératrice. Par exemple, si on choisi m sommets au hasard dans le graphe, alors la distributions de la somme des degrés de ces nœuds est générée par $[G_0(x)]^m$. Par exemple prenons le simple cas de deux sommets, le carré $[G_0(x)]^2$ de la fonction génératrice d'un sommet seul peut être développé comme suit :

$$\lfloor G_0(x)\rfloor^2 = \left[\sum_k p_k x^k\right]^2 = \sum_{jk} p_j p_k x^{j+k}$$
$$= p_0 p_0 x^0 + (p_0 p_1 + p_1 p_0)x^1 + (p_0 p_2 + p_1 p_1 + p_2 p_0)x^2$$
$$+ (p_0 p_3 + p_1 p_2 + p_2 p_1 + p_3 p_0)x^3 + \dots$$

Il est clair que le coefficient de la puissance de x^n dans cette expression est précisément la somme de tous les $p_j p_k$ tel que j+k=n, et ainsi donne correctement la probabilité que la somme des degrés des deux sommets sera n. Il est facile de constater que cette propriété peut s'étendre à toutes les puissances supérieures de la fonction génératrice.

2. Une autre quantité qui va s'avérer importante est la distribution du degré des sommets auxquels nous arrivons en choisissant un chemin aléatoirement. Un tel chemin arrive à un sommet avec une probabilité proportionnelle avec le degré de ce sommet, et le sommet a par conséquent une distribution de probabilité proportionnelle à kP_k.
La distribution correctement normalisée est ainsi générée par :

$$\frac{\sum_k k p_k x^k}{\sum_k k p_k} = x\frac{G'_0(x)}{G'_0(1)}$$

Si nous commençons par un sommet aléatoirement choisi et suivons chacun des chemins à partir de ce sommet pour atteindre les k plus proches voisins, alors les sommets où nous arrivons à chaque fois ont la distribution de nombre de liens entrants restant générée par cette fonction avec une puissance de x en moins, pour permettre l'existence de ce chemin par lequel nous arrivons. Ainsi la distribution des liens sortants est générée par la fonction :

$$G_1(x) = \frac{G'_0(x)}{G'_0(1)} = \frac{1}{z}G'_0(x) \qquad (2)$$

Où $z = G'_0(1)$ est le degré moyen des nœuds (sommets), tel que précédemment expliqué.

La probabilité que n'importe lequel de ces liens sortants se connecte au sommet originaire par lequel nous avons démarré, ou bien à n'importe lequel des voisins immédiats, tends vers N^{-1} et peut ainsi être négligée dans la limite d'un N grand. Ainsi, en utilisant la propriété des puissances de la fonction génératrice décrite plus haut, la distribution de probabilité du nombre de seconds voisins du sommet original (où nous avons démarré) peut être écrite comme :

$$\sum_k P_k [G_1(x)]^k = G_0(G_1(x)) \qquad (3)$$

Similairement, la distribution des troisièmes voisins plus proches est générée par $G_0(G_1(G_1(x)))$, et ainsi de suite. Le nombre moyen z_2 de seconds voisins est:

$$z_2 = \left[\frac{d}{dx} G_0(G_1(x))\right]_{x=1} = G'_0(1) G'_1(1)$$

Où nous avons utilisé le fait que $G_1(1)=1$.

☞ Nous utilisons ces deux fonctions (1) et (3) que nous développerons pour en déduire d'autres fonctions plus complexes afin d'évaluer analytiquement certains éléments liés aux graphes représentant les réseaux overlay à base d'inondation probabiliste.

La fonction de transmission de message g [45] représente la probabilité de transmission de requêtes des pairs. Dans la recherche probabiliste, chaque pair propage la requête à ses voisins avec la probabilité Pf. La fonction g est de la forme :

$$g(d) = Pf, \forall\, d < TTL \qquad (4)$$

La probabilité que l'initiateur de la requête transmette le message de recherche à n de ses voisins est donnée par :

$$q_n = \sum_{k=n}^{\infty} P_k \binom{h}{n} P_f^n (1 - Pf)^{k-n} \qquad (5)$$

La fonction génératrice pour le nombre pairs dans le voisinage de l'initiateur de la requête qui l'ont reçue, est donnée par :

$$Q_1(x, g) = \sum_{n=0}^{\infty} q_n x^n = G_0\big(1 + Pf(x - 1)\big) \qquad (6)$$

La fonction génératrice pour le nombre de pairs à la distance h bonds de l'origine de la requête et qui ont reçu la requête est donnée par :

$$Q_h(x, g) = Q_1\left(\underbrace{\overline{Q}_1(... \overline{Q}_1(x, g), g ...g)}_{h-1} \right) \qquad (7)$$

Avec

$$\overline{Q}_1(x, g) = G_1\big(1 + Pf(x - 1)\big) \qquad (8)$$

La fonction génératrice pour le nombre total de pairs qui ont reçu la requête sous la contrainte TTL est donnée par :

$$Q(x, g, TTL) = \prod_{m=1}^{TTL} Q_m(x, g) \qquad (9)$$

A partir de l'équation (9) nous avons le nombre moyen $\overline{N}$ de (messages) requêtes envoyés dans tout le réseau qui est donné par :

$$\overline{N} = Q'(1, g, TTL) \qquad (10)$$

Ici cette moyenne correspond à la dérivée première (voir fonctions génératrice).

Soit p la popularité d'une ressource, la probabilité que, parmi les voisins de l'initiateur de la requête qui ont reçu la requête, n pairs possèdent la ressource recherchée est donnée par :

$$P(n, p) = \sum_{k=n}^{\infty} q_k \binom{h}{n} p^n (1 - p)^{k-n} \qquad (11)$$

Avec la fonction génératrice :

$$H_1(x, g, p) = \sum_{n=0}^{\infty} P(n, p) x^n = Q_1(1 + p(x - 1), g) \qquad (12)$$

La fonction génératrice pour le nombre total de possesseurs de ressource qui reçoivent la requête avec la contrainte de TTL est donnée par :

$$H(x, g, p, TTL) = \prod_{m=1}^{TTL} H_m(x, g, p) \qquad (13)$$

Où

$$H_m(x, g, p) = Q_m(1 + p(x - 1), g)$$

De l'équation (13), la probabilité que la ressource puisse être trouvée (au moins une réponse) est donnée par :

$$P = 1 - H(0, g, p, TTL) \qquad (14)$$

Les travaux présentés permettent d'évaluer certains résultats tels que, le nombre moyen de messages à travers le réseau P2P et le taux de succès d'une requête par rapport à la popularité de la ressource demandée.

Comme la distribution du degré des réseaux P2P populaires (Gnutella, FreeNet, etc.) exhibe une grande variation avec des caractéristiques de loi de puissance, nous utilisons les équations (14) et (10) pour obtenir des valeurs numériques.

Pour simuler la topologie du réseau P2P, nous générons un graphe à loi puissance avec une coupure exponentielle. Avec un degré moyen de 3.5 (similaire au type de graphe de Gnutella [5]). Le graphe par défaut a 2000 nœuds. Afin de simuler la ressource avec une popularité p, $p \times 2.10^3$ nœuds sont aléatoirement choisis et marqués comme propriétaires de ressource dans le réseau.

La **figure1** donne le nombre moyen de messages pour différentes probabilités de transmission. Le nombre messages baisse de façon spectaculaire avec une diminution de la probabilité de transmission.

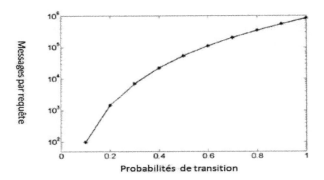

Figure 1. Messages générés par rapport à la probabilité de transmission

La **figure2** présente les résultats numériques des taux de succès par rapport à la popularité de la ressource cherchée. Pour une ressource populaire, la recherche probabiliste avec une petite probabilité de transmission peut donner un taux de succès proche de celui de l'inondation (Pf=1).

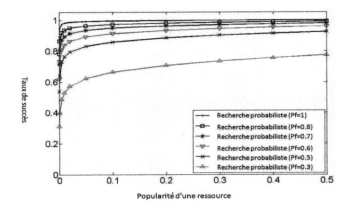

Figure 2. Taux de succès par rapport) la popularité d'une ressource

Nous pouvons conclure d'après les résultats analytiques que la recherche probabiliste peut être flexibilité, puisque le taux de succès et le nombre de messages peuvent être ajustés en choisissant différentes Pf (probabilités de transmission), permettant un compromis entre le coût et la performance. Toutefois, la surcharge en termes de nombre de messages produits par une recherche reste très élevée. En faisant une petite analyse croisée entre les figures 1 et 2, on se rend compte que pour avoir un taux de succès acceptable, c'est-à-dire supérieur à 70%, il faut une probabilité de transmission des requêtes qui est supérieure ou égale à 0,5 et une popularité d'au moins 10%. Or, cette probabilité produit quand même un important nombre de messages de recherche (figure 1).

En définitive, il apparait que ce type de recherche (probabiliste) est adapté aux réseaux contenant des données très populaires, ce qui n'est pas toujours le cas. Puisque une méthode de recherche efficace devrait l'être aussi bien pour les ressources populaires que celles qui ne le sont pas.

Conclusion

Dans ce chapitre nous avons vu comment utiliser la théorie des graphes pour modéliser les réseaux overlay, principalement ceux non structurés et à base d'inondation.

Les résultats numérique obtenus permettent de constater qu'en faisant varier la probabilité de transmission et en jouant sur la popularité des ressources, on peut ajuster le nombre de messages présent dans le réseau et le taux de succès. Cependant il apparaît que pour des probabilités de diffusion faibles, le taux de succès reste relativement petit. Mais pour des données très populaires dans le réseau (popularité supérieure ou égale à 40%), le taux de succès d'une recherche est élevé.

Nous essayerons dans le prochain chapitre d'exploiter les propriétés des graphes d'intérêts et la caractéristique de loi de puissance de la distribution des degrés des nœuds pour proposer une nouvelle méthode de recherche.

3. Contribution : Systèmes décentralisés avec proximité d'intérêts

Durant leurs premières années, les systèmes pair-à-pair décentralisés avaient deux méthodes pour transmettre les messages de recherche : soit l'inondation à distance bornée, soit l'utilisation des tables de hachages réparties. Ces deux méthodes ont chacune leurs inconvénients.

- L'inondation utilise un grand nombre de messages et consomme donc une grande quantité de bande passante, ressource rare et chère. L'inondation bornée (une amélioration proposée) empêche quant à elle la recherche exhaustive.
- Les tables de hachages réparties imposent pour chaque nœud des voisins donnés ce qui rend plus difficile la gestion des connexions et déconnexions des utilisateurs. De plus, la recherche dans ces systèmes nécessite que chaque objet ait un nom unique ou plusieurs noms mais en nombre limité, ce qui n'est pas toujours possible.

C'est pourquoi la création de systèmes décentralisés permettant des réponses rapides des requêtes tout en induisant un faible trafic de contrôle est encore un problème ouvert. Actuellement, les systèmes laissent le choix entre connecter les nœuds sans maintenir de structure –ce qui est simple mais nécessite d'inonder- ou connecter les nœuds de manière structurée –ce qui permet de router les requêtes mais reste une méthode complexe et rend difficile la recherche de certains objets (ceux qui n'ont pas un nom unique).

Toutefois, des observations récentes [14, 16, 18] ont montré que les réseaux pair-à-pair présentent des propriétés d'agrégation (clustering). Dans [20] on montre que cette agrégation peut être utilisée afin de diminuer le nombre de message de recherche dans des systèmes comme Gnutella. Par ailleurs, ces systèmes pair-à-pair présentent aussi une structure en loi de puissance[1] [14, 19] utilisable pour créer des méthodes de routage. L'avantage de telles

---

[1] C'est l'hétérogénéité des degrés des nœuds : il existe des nœuds ayant un très fort degré et la distribution des degrés obéit souvent à une loi de puissance. Les graphes ayant cette caractéristique sont appelés *scale-free network* (réseaux sans échelle).

méthodes serait de ne pas nécessiter le maintien d'une structure spécifique comme les réseaux à contenu adressable, et réglerait le problème du calcul de clé pour des objets n'ayant pas un nom unique. Nous allons présenter dans ce chapitre les observations effectuées sur les propriétés statistiques des réseaux pair-à-pair.

Afin de limiter le temps de recherche dans un système pair-à-pair, il est possible de rapprocher le réseau logique du réseau physique. Le système pair-à-pair n'a aucune influence sur le réseau physique et ne peut donc que s'inspirer de ce dernier. En revanche, le système contrôle totalement les connexions logiques entre les nœuds. En particulier, s'il ne peut diminuer les délais physiques entre deux nœuds dans le réseau logique, il peut connecter les nœuds afin que les recherches ne nécessitent qu'un faible nombre de sauts dans le réseau logique. En effet, si deux nœuds ont des intérêts communs alors ils vont probablement échanger des objets. En pratique, les échanges entre les nœuds ne se font pas au hasard, mais ils ont tendance à se regrouper en communautés. La grande majorité des échanges se font à l'intérieur d'une même communauté, et très peu ont lieu vers d'autres communautés. Remarquons que ces échanges ne sont pas forcément symétriques. Plusieurs travaux [14, 17, 18, 26, 27] ont proposé des améliorations (pour les systèmes pair-à-pair) basées sur cette propriété.

3.1 Représenter les intérêts des pairs comme un graphe

Différentes observations ont permis de constater la présence de communautés dans les échanges des utilisateurs. On peut représenter les intérêts communs à des nœuds par des arcs dans un graphe orienté, où les nœuds sont les utilisateurs. On nommera cette représentation «graphe des intérêts » des utilisateurs, ou plus simplement « graphe des intérêts ».

Cependant, si un système pair-à-pair souhaite utiliser cette proximité d'intérêts pour son fonctionnement, il faut que chaque nœud puisse détecter les nœuds qui ont des intérêts communs aux siens. Dans le cas de fichiers, un intérêt commun peut être déduit si des nœuds :

- Proposent ou téléchargent des fichiers identiques ;

37

- Proposent ou téléchargent des fichiers ayant le même contenu, mais dans un format potentiellement différent;
- Se déclarent intéressés par les mêmes mots clés;
- Etc.

Toutefois, dans un environnement pair-à-pair, des nœuds sont susceptibles d'être intéressés par des objets très populaires, qui sont moins représentatifs des intérêts des nœuds, ce type de mesure peut donc être raffiné en prenant en compte le nombre d'objets partagés, comme le fait [18] de manière globale.

Par ailleurs, le dynamisme des systèmes pair-à-pair se ressent aussi dans les intérêts des utilisateurs, qui changent au cours du temps. C'est pourquoi permettre l'expiration d'un intérêt, au moyen d'une politique de cache ou en fixant cette durée pour chaque intérêt peut se révéler intéressant. Ces changements d'intérêts peuvent être plus brusques, lorsque la personne qui utilise un nœud pour se connecter au système change, ses intérêts étant à *priori* sans rapport. La gestion de ces événements peut alors se faire de manière simple en définissant des profils d'utilisateurs, maintenant une connexion au système tout en permettant le changement des intérêts des nœuds, des objets partagés et des voisins.

La plupart des travaux qui s'intéressent à l'exploitation des propriétés communes aux systèmes pair-à-pair se basent sur des traces d'exécution. Celles-ci permettent de représenter le comportement des utilisateurs dans des systèmes pair-à-pair ou des systèmes où les utilisateurs sont supposés avoir les mêmes comportements : on y retrouve les *lois de puissance et l'agrégation en communautés*. Plusieurs travaux [14, 16, 18] ont présenté les propriétés statistiques des graphes d'intérêts trouvés dans eDonkey [13], un système pair-à-pair décentralisé non-structuré parmi les plus utilisés au monde. Ces propriétés sont communes aux réseaux sociaux et à beaucoup de réseaux d'interaction. Les graphes d'intérêt ont en particulier :

- Une faible densité, c'est-à-dire que le degré moyen est très faible en comparaison du nombre de nœuds dans le réseau ;

- Une faible distance moyenne entre deux nœuds, c'est-à-dire que le nombre moyen de sauts nécessaires pour relier deux nœuds du réseau croit de façon logarithmique avec la taille du réseau ;
- Une structure d'agrégats, c'est-à-dire que malgré une faible densité globale, la densité locale est importante. Cette propriété est intuitivement représentée par la phrase : « les amis de mes amis sont mes amis » ;
- Une distribution des degrés en loi de puissance, où la proportion de nœuds ayant un degré d_i est de l'ordre de d_i^α. Les degrés des nœuds y sont très différents et le degré moyen n'est pas significatif car si beaucoup de nœuds ont un degré faible, des nœuds de grand degré existent et faussent la moyenne.

3.2 Utiliser la propriété de loi puissance

L'utilisation de la distribution des degrés en loi de puissance des réseaux réels pour effectuer des recherches efficaces a été proposée dans [4, 15, 25]. Dans ces articles, les auteurs approximent les distributions hétérogènes des degrés par des lois de puissance et étudient les propriétés de marches aléatoires ou déterministes dans des graphes aléatoires pour des distributions de degrés données (voir aussi [20]).

Dans [4] est proposée une étude analytique d'un algorithme basé sur une recherche en profondeur privilégiant le voisin de plus grand degré : à chaque saut de la recherche, le nœud courant vérifie ses voisins (voir les voisins de ses voisins) afin de savoir s'il s'agit du nœud recherché. Dans l'affirmative, la recherche s'arrête. Sinon, la requête est envoyée au voisin de plus grand degré. Une analyse en moyenne de cette méthode est confirmée par simulation. Elle montre que le nombre de sauts moyen nécessaire pour trouver un objet dans un réseau aléatoire en loi de puissance de n nœuds et de coefficient α croit sous-linéairement en $n^{3(1-\frac{2}{\alpha})}$ pour $2 < \alpha < 3$. Quelques simulations montrent une diminution du nombre de sauts nécessaire, bien qu'elles n'étudient pas l'évolution de ce nombre au cours du temps.

Dans [15], les auteurs effectuent des simulations basées sur un autre modèle de loi de puissance [10] et comparent la recherche d'un nœud par plus court chemin à des algorithmes locaux choisissant à chaque saut :

- Un voisin aléatoire (marche aléatoire) ;
- Un voisin avec une probabilité d'autant plus grande que son degré est grand (stratégie préférentielle) ;
- Le voisin de plus fort degré (parcours en profondeur guidé par le plus grand degré).

Comme dans [4] chacun de ces algorithmes s'arrête lorsqu'un nœud est voisin du nœud recherché. Ils observent alors que cette dernière stratégie est la plus efficace des trois stratégies locales au regard de la distance séparant deux nœuds via chacune des stratégies. Il faut toutefois noter que, dans leur calcul de distance en nombre de sauts nécessaire pour aller d'un nœud à l'autre, les sauts effectués dans une boucle (un ensemble de nœuds parcourus sans trouver de réponse) ne sont pas comptés. C'est pourquoi si la distance annoncée dans [15] pour le parcours en profondeur guidée par le plus grand degré est logarithmique, le nombre de sauts nécessaire pour trouver un nœud de manière décentralisée est en fait polynomial et non logarithmique. Afin de vérifier si cet algorithme est particulièrement adapté aux graphes en loi de puissance, les auteurs de [15] étudient aussi ces stratégies dans le contexte de graphes petit-mondes, en utilisant le modèle proposé par Watts et Strogatz [28]. La stratégie de recherche en profondeur en privilégiant le voisin de plus grand degré se révèle moins efficace dans ces réseaux. En effet, le choix du voisin qui aura la plus grande probabilité de trouver le nœud recherché n'est plus faisable car tous les nœuds ont un degré similaire dans ces graphes. L'efficacité de la stratégie de recherche en profondeur privilégiant le voisin de plus grand degré semble donc propre à certains graphes comme les graphes à loi de puissance. Les auteurs étudient aussi, pour chaque stratégie, la résistance aux pannes aléatoires de nœuds et aux attaques ciblées sur les nœuds de plus fort degré. Ils montrent alors que le nombre de communications entre les couples de nœuds qui sont rendues impossibles par des pannes aléatoires (en cas de déconnexion du réseau) ne varie pas selon la stratégie de recherche utilisée. Enfin, pour chaque stratégie est étudiée l'évolution du diamètre de réseau en fonction du nombre de nœuds supprimés, par panne et par attaque.

[20] compare une stratégie basée sur k marcheurs qui effectuent l pas à l'inondation bornée et l'inondation incrémentale dans différents réseaux : un réseau Gnutella de 4.736 nœuds, un réseau en loi de puissance de 9.230 nœuds, un réseau aléatoire de 9.836 nœuds, et une grille à deux dimensions de 10.000 nœuds. Une méthode est proposée pour arrêter la recherche par cette stratégie si un marcheur a déjà trouvé une réponse : chaque marcheur vérifie régulièrement si l'origine de la requête veut continuer la recherche. Pour cela, ils distinguent le cas où la répartition des requêtes vers les objets est uniforme et celle où elle est en loi Zipf[2]. De même, ils distinguent le cas des objets disponibles en nombre uniforme, proportionnel au nombre de requêtes effectuées dessus, et proportionnel à la racine du nombre de requêtes effectuées dessus. Dans le réseau Gnutella, le nombre moyen de messages reçus par nœud par rapport à l'inondation diminue d'un facteur 35 à 74 pour la stratégie d'inondation incrémentale, et d'un facteur 84 à 104 pour la stratégie utilisant 32 marcheurs aléatoires. Ces améliorations se font au prix d'une augmentation du nombre sauts nécessaires pour trouver l'objet cherché d'un facteur inférieur à 1.7 pour l'inondation bornée et d'un facteur inférieur à 2.6 pour la stratégie des 32 marcheurs. Par ailleurs, cet article étudie différentes stratégies de réplication pour déterminer les plus efficaces pour une stratégie de multiples marcheurs aléatoires. Il conclut que la meilleure technique est la réplication de chaque objet en $O(\sqrt{q_i})$ nœuds, où q_i est le nombre de requêtes effectuées sur cet objet, et où la politique de cache des nœuds efface les objets de manière indépendante de leur utilisation. Si la réplication sur des nœuds aléatoires se révèle plus efficace, une réplication sur le chemin d'une marche aléatoire nécessite presque autant en moyenne pour obtenir une réponse à une requête. Toutefois, [25] relève que la quantité de mémoire nécessaire par nœud peut être problématique et qu'un objet partagé par un nœud de faible degré nécessitera un grand nombre de sauts. De plus, basés sur un modèle probabiliste, ces résultats nécessiteraient d'être confirmés dans le cadre de requêtes réelles.

[25] propose une approche originale basée sur une publication par chaque nœud de la liste des objets qu'il partage, le long d'une marche aléatoire de même longueur l, et une inondation probabiliste est effectuée par chaque nœud rencontrée sur la marche aléatoire. Cette

---

[2] loi Zipf

inondation est effectuée vers chaque arête avec une probabilité supérieure au seuil de percolation[3] du réseau. Les auteurs calculent la longueur de la marche aléatoire nécessaire pour trouver un objet dans un graphe en loi puissance où les degrés des nœuds sont indépendants. Dans le cas de graphe de paramètre $2 < \alpha < 3$, une recherche peut trouver un objet en définissant $l \sim n^{1-2/\alpha}$. Le nombre de sauts effectués par la percolation étant logarithmique, O (log n) sauts sont nécessaires pour trouver un objet.

3.3 Utiliser les agrégats

Si la nature hétérogène des nœuds est montrée (entre autre) par la distribution des degrés, les facteurs sociaux et culturels donnent au graphe des intérêts une structure d'agrégats. Par exemple, si un nœud *u1* est intéressé par un objet $ proposé par un autre nœud *u2*, il sera probablement aussi intéressé par d'autres objets partagés par *u2*. De plus, *u2* sera probablement aussi intéressé par les objets partagés par des nœuds intéressés par $, voire par d'autres objets partagés par u1. Nous pouvons résumer cela par deux assertions :

- Les pair s'organisent en communautés, qui sont des sous-graphes denses ;
- Deux nœuds qui échangent un objet vont probablement échanger à nouveau des objets à l'avenir.

Pour ces nœuds dont les intérêts sont proches, on trouvera souvent le terme de voisinage sémantique, par analogie avec la similarité que l'on retrouve dans les mots-clés qui les intéressent. On parlera aussi de communautés pour des ensembles de nœuds ayant les mêmes intérêts. Notons que cet ensemble peut dépendre du point de vue de chaque nœud.

Dans [14] est effectuée une analyse débutée dans [17] sur la répartition des fichiers par grandes classes : audio et vidéo en particulier. Les auteurs utilisent la même trace que dans [17]. Après avoir noté un pourcentage de nœuds égoïstes élevé (68%), ce travail établit la

---

[3] La percolation est un processus physique critique qui décrit pour un système, une transition d'un état vers un autre. C'est un phénomène de seuil associé à la transmission d'une « information » par le biais d'un réseau de sites et de liens qui peuvent, selon leur état, relayer ou non l'information aux sites voisins. [Wikipedia]
Voire aussi la *Théorie de la percolation* []

répartition des fichiers dans deux grandes classes audio et vidéo : 48% des fichiers sont audio et 16% sont des vidéos, tandis que l'espace pris sur le réseau change puisque 67% de l'espace est pris par des vidéos pour 16% de fichiers audio, bien plus petits. Ces types de fichiers représentent la majorité des fichiers du réseau, en nombre et en espace.

Par ailleurs, il est montre ensuite que la proximité sémantique s'accompagne d'une proximité géographique pour les vidéos. En effet, pour 65% des fichiers, la moitié des sources au moins se trouve dans le même pays. La récupération de vidéos dans un système pair-à-pair bénéficie donc d'une proximité géographique des sources, ce qui s'explique par le fait qu'un nœud tentera de récupérer une vidéo dans la langue de son pays [14]. D'autre part, cet article avance que les recherches sur des fichiers audio seraient les premières à gagner si les délais étaient diminués, puisque ces requêtes représentent 48% des requêtes effectuées dans leur trace d'exécution.

Cet article calcule pour tous les couples de nœuds partageant au moins un nombre donné de fichiers, la probabilité qu'ils partagent aussi au moins un fichier supplémentaire. Les expériences menées dans cette contribution montrent alors que dés que nous avons un faible nombre de fichiers communs à deux nœuds, 10 par exemple, la probabilité qu'ils partagent un fichier de plus est élevée : la probabilité de partager 11 fichiers lorsque deux nœuds partagent 10 fichiers est de 80%. Cette probabilité augmente jusqu'à être très proche de 100% dés que 50 fichiers communs sont partagés par deux nœuds, elle chute brutalement autour de 325 fichiers partagés. De manière similaire, une étude de la corrélation entre les fichiers vient compléter cette corrélation entre les nœuds, montrant qu'elle est aussi élevée. Les auteurs expliquent cette corrélation par le fait que lorsque deux nœuds ont le même morceau d'un album, ou les mêmes parties d'un logiciel par exemple, il est probable qu'ils aient aussi les autres morceaux du même album ou les autres fichiers qui composent le logiciel.

D'autres contributions [18, 27] ont relevé que la structure d'agrégats du graphe des intérêts peut être utilisée pour créer des systèmes pair-à-pair efficaces, bien qu'aucune méthode n'ait été proposée pour concevoir un système pair-à-pair qui n'utilise *que* ces propriétés.

3.3.1 Choisir efficacement ses voisins

L'utilisation de la proximité d'intérêts des nœuds dans les systèmes pair-à-pair repose sur un choix essentiel : celui des voisins. Afin de ne pas nécessiter une quantité de mémoire trop importante, des politiques de remplacement des voisins sont souvent appliquées. Ces politiques sont assez naturellement inspirées de la gestion de cache.

Défavoriser les voisins les moins récemment utilisés (LRU) :

La politique LRU (Least Recently Used) est l'une des politiques de cache les plus utilisées. Rappelons tout de même qu'elle consiste à garder une liste des derniers nœuds qui ont servi pour les k dernières requêtes, où k est la taille de la liste des voisins. C'est la politique qui a été la plus étudiée et qui sert de base de comparaison pour la plupart des systèmes. Elles a l'avantage de ne nécessiter qu'une quantité de mémoire constante égale au nombre de voisins k. Elles souffre du fait qu'une fois la période de lancement du réseau passée, la méthode change la liste des nœuds à chaque nouvelle requête, oubliant ainsi des voisins qui n'ont pas été utilisés depuis plusieurs requêtes [27] donne l'exemple du remplacement par un nœud d'un voisin de sa communauté d'intérêt par un nœud qui répond à une requête concernant un objet populaire, tandis que [21] souligne que des nœuds ayant un grand nombre d'intérêts et obtenant des réponses de plusieurs nœuds à la fois remplaceront des voisins intéressants par des voisins potentiellement moins intéressants.

Maintenir un historique, ou avoir la mémoire longue :

Cette politique de remplacement consiste à tenir à jour une liste des nœuds qui ont répondu à au moins une requête du nœud, et le nombre de fois qu'il a fourni une réponse à une requête depuis le lancement du réseau. Dans cette liste classée par ordre décroissant du nombre de réponses fournies, les voisins sont les x premiers nœuds. Elle ne souffre pas de l'inconvénient de la politique LRU, qui supprime des nœuds efficaces pour les remplacer par des nœuds plus récents mais pas forcément efficaces, car elle garde en mémoire toutes les requêtes effectuées depuis le début. Toutefois, son coût en mémoire augmente avec le nombre de nœuds qui ont fourni des réponses depuis le lancement du réseau. [27] relève aussi que l'adaptation des listes de voisins, dans le cas de changements d'intérêts, est plus longue lorsqu'un grand nombre de requêtes ont été effectués. [27] utilise cette méthode comme base de comparaison avec la politique LRU.

Garder des voisins à fort taux de succès :

La méthode de choix des voisins basée sur leur taux de succès est utilisée et évaluée par [26] pour une méthode de recherche où les nœuds transmettent une requête à leurs raccourcis dans leur ordre de classement tant qu'ils n'obtiennent pas de réponse. Elle consiste à classer les raccourcis selon leur taux de succès, c'est-à-dire le rapport entre le nombre de réponses qu'ils ont fourni et le nombre total de requêtes qui leur ont été transmises. Elle utilise une mémoire bornée et permet l'entrée rapide de nouveaux nœuds : l'efficacité moyenne initiale d'un raccourci est 100%, puis elle évolue jusqu'à se stabiliser (dans les expériences menées par [26]) à un taux d'efficacité moyen.

Favoriser les voisins les plus souvent utilisés (MOU) :

La politique MOU (Most Often Used) est proposée et comparée à la politique LRU dans [21]. Elle consiste pour chaque nœud à maintenir une liste des nœuds candidats pour devenir raccourcis, elle attribue pour cela une valeur à chaque candidat, qui sera d'autant plus grande que ce nœud est intéressant pour le nœud. A chaque requête :

1. L'intérêt de chaque nœud est multiplié par une constante α fixée par le système (α dans]0,1[si l'on veut diminuer l'intérêt des nœuds avec le temps) ;

2. Pour toute réponse, tous les nœuds sur le chemin de la requête voient leur valeur augmentée d'une valeur qui décroit exponentiellement avec la distance qui les sépare de la source.

Cette méthode nécessite que chaque nœud retienne pour chaque requête une liste des nœuds qui l'ont transmise.

La politique MOU permet d'atteindre un degré entrant moyen stable assez rapidement, ce qui signifie qu'en moyenne le nombre moyen de nœuds susceptibles d'envoyer un message à un nœud se stabilise. En comparaison, la politique LRU ne se stabilise à peu prés que pour 1 raccourci. Le nombre de mises-à-jour moyen nécessaires pour un raccourci MOU par nœud diminue très rapidement puisqu'il est inférieur à 50 après 2.500 requêtes, tandis qu'il est encore supérieur à 50 pour la politique LRU après 2.000.000 requêtes.

3.3.2 Diminuer le trafic

Le trafic chargeant les nœuds du réseau étant un des problèmes principaux des réseaux décentralisés non-structurés, plusieurs solutions ont été proposées afin d'utiliser les propriétés de loi de puissance et d'agrégats qu'on retrouve dans ces réseaux.

Utiliser la propriété des raccourcis :

[26] propose d'améliorer Gnutella en y ajoutant pour chaque nœud des « raccourcis » vers des voisins ayant les mêmes intérêts. Pour cela, lorsqu'un nœud reçoit une série de réponses pour une recherche qu'il a effectuée, il ajoute aléatoirement un des nœuds qui ont répondu à ses raccourcis. La politique de classement de ces raccourcis utilisée par [26] est le *taux de succès* de ces raccourcis (décrite ci-dessus au chapitre 3.3.1).

Les auteurs évaluent l'efficacité de l'utilisation des raccourcis au moyen de simulations basées sur des traces d'exécution, obtenues à partir de caches HTTP (comprenant de 868 à 32.361 nœuds) et de réseaux Gnutella (comprenant jusqu'à 542 nœuds) et KaZaA (comprenant jusqu'à 12.558 nœuds). Ils injectent ces traces dans des réseaux ramenés à une taille équivalente, et obtenus à partir de réseaux réels entre 8.000 et 40.000 nœuds. Les auteurs comparent le comportement de la méthode d'inondation (de Gnutella) à l'utilisation des raccourcis puis, dans le cas où aucune réponse n'est trouvée, en utilisant la seule méthode d'inondation.

Nombre de sauts : les raccourcis permettent dans le pire des cas une diminution du nombre moyen de sauts nécessaire pour trouver un objet de 4 à 1,5. Les raccourcis permettent donc de tirer parti de la proximité d'intérêts d'autres nœuds dans le réseau pour réduire significativement le temps de recherche d'un objet. Si la méthode de recherche alternative est celle du système structuré Chord, le nombre de sauts nécessaire passe de 7 à 1,5.

Charge des nœuds : les raccourcis réduisent la charge du nombre moyen de messages reçu par le nœud d'un facteur 3 pour les systèmes pair-à-pair Gnutella et KaZaA, à 7 pour les requêtes vers des sites http. En utilisant une méthode de recherche basée sur un système structuré comme Chord, cette charge diminue d'un facteur 2 à 4.

Taux de succès : les auteurs montrent que l'utilisation de raccourcis dans les réseaux pair-à-pair comme Gnutella ou KaZaA permet de trouver un objet dans 53% à 58% des cas, et ce taux de réussite monte entre 82% et 90% pour les requêtes effectuées pour des sites http.

Modification de l'interconnexion :

[21] propose aussi l'utilisation de raccourcis, mais ceux-ci servent à influencer l'interconnexion dans le réseau, sans changer la méthode d'acheminement des messages, ni à y ajouter d'étape. Ces raccourcis sont donc utilisés comme les autres voisins, tirés aléatoirement, en utilisant une méthode de recherche comme l'inondation bornée de Gnutella. Pour le choix de ces raccourcis sont comparées deux politiques : LRU et MOU. L'utilisation de la politique MOU permet de constater l'émergence d'une arborescence connectant les raccourcis entre eux, en plus de l'interconnexion aléatoire du réseau. Ces deux stratégies sont évaluées par des simulations effectuées sur 6 voisins par nœud, dont 0 à 5 raccourcis, en créant un réseau de 20.000 nœuds, 200.000 objets partagés pour lesquels la répartition et le nombre de requêtes associés sont créés à partir des observations de réseaux réel.

Afin de diminuer le trafic de requêtes, ils proposent qu'un nœud divise le nombre de sauts restants d'une requête par deux lorsqu'elle concerne les intérêts du nœud. Cela permet de représenter l'augmentation de probabilité de trouver une réponse lorsque l'on envoie une requête à des nœuds qui sont intéressés par le sujet de la requête.

Nombre de sauts : la modification de l'interconnexion permet de diminuer le nombre de sauts nécessaire de 30% pour 1 raccourci jusqu'à 80% pour 5 raccourcis, les politiques LRU et MOU donnant des résultats très proches et légèrement à l'avantage de LRU (0,1 sauts de moins au pire).

Charge des nœuds : l'étude de la variation de la charge supportée par un nœud, et de la charge maximale supportée par les nœuds montre que la politique MOU est au moins aussi efficace que la politique LRU. La charge maximale d'un nœud augmente d'un facteur légèrement inférieur à 2,51 pour les deux politiques, avec un léger avantage pou le MOU. La répartition du trafic semble assez peu déséquilibrée puisque la variation de cette charge passe de 2,3, si aucun raccourci n'est utilisé, à 3,8 lorsque 5 raccourcis MOU et 4,1 lorsque 5 raccourcis LRU.

Puisque le nombre de sauts nécessaires pour trouver un objet semble diminuer, les auteurs vérifient l'effet sur la charge de la diminution du nombre de sauts lorsqu'une requête concerne les intérêts d'un nœud. Ils comparent alors un nombre constant de 6 sauts à leur méthode, diminuant de moitié le nombre de saut en cas de requête sur les centres d'intérêts d'un nœud. Le trafic diminue d'un facteur 3,9 avec 5 raccourcis jusqu'à 8,3 en n'utilisant aucun raccourci, mais augmente le taux d'échec des requêtes. Toutefois, l'augmentation du nombre de sauts initial d'une requête à 7 permet de diminuer le taux d'échec par rapport à un nombre de sauts constant tout en divisant le trafic d'un facteur de 1,5 (pour 5 raccourcis), à 1,8 (sans utiliser de raccourcis).

Taux de succès : le taux de succès de cette méthode pour un seul saut passe de moins de 10% si aucun raccourci n'est utilisé à plus de 30% pour l'utilisation d'un seul raccourci et plus de 60% pour 5 raccourcis. Pour 3 sauts, ce taux passe de 55% si aucun raccourci n'est utilisé à plus de 80% pour un seul raccourci, et plus de 90% pour 5 sauts. Toutefois, l'observation du nombre de réponses obtenues pour une requête en fonction du nombre de sauts révèle qu'en nombre important, les raccourcis diminuent le nombre de réponses obtenues par requêtes. Une raison avancée par les auteurs est qu'un nombre de voisins aléatoires trop faible empêche de trouver des réponses en dehors des nœuds ayant les mêmes intérêts (les raccourcis).

3.4 Contribution : REBI (Recherche sur un Réseau logique Basé sur les Intérêts)

Nous allons décrire dans cette section notre méthode REBI (*réseau logique basé sur les intérêts*), qui permet de rechercher des objets aussi efficacement que des réseaux à contenu adressable sans avoir à maintenir de structure. Afin de mettre en avant ses principales propriétés, cette méthode est délibérément maintenue aussi simple que possible. Pour toute implantation de REBI, il est donc évident qu'il serait nécessaire d'utiliser des heuristiques classiques utilisées habituellement pour en améliorer le comportement. De plus, la simplicité de *REBI* permet d'évaluer directement l'impact de cette contribution. En effet, le biais dans lequel étaient tombées plusieurs évaluations de réseaux à contenu adressable était de proposer des optimisations qui étaient évaluées en même temps que le protocole lui-même. Cela rendait difficile l'évaluation des qualités intrinsèques du protocole par rapport à l'apport des optimisations utilisables par tous les systèmes structurés.

3.4.1 Proposition d'une méthode de recherche efficace

Afin de représenter le graphe des intérêts des utilisateurs, nous proposons de lier deux nœuds par un arc lorsqu'ils ont déjà échangé par le passé. Notons que cela ne signifie pas forcément que deux nœuds liés ont les mêmes intérêts à un instant donné, mais il assure qu'ils ont été liés par un échange à un moment. Cette méthode est locale et fonctionne à la volée, ce qui permet son utilisation par chaque nœud du réseau. Ce modèle a pour but de valider le plus indépendamment notre méthode de routage, une utilisation de cette méthode dans un réseau réel devrait adapter les améliorations proposées par les travaux cités aux paragraphes précédents, entre autres :

- La gestion de plusieurs catégories de fichiers;

- L'utilisation de politiques de cache pour la gestion des voisins, pour permettre le remplacement des voisins qui ne sont plus intéressants, et maintenir l'efficacité du routage vers le voisin de plus grand degré.

Comme nous venons de le voir, plusieurs travaux ont montré la nature en loi de puissance et la structure d'agrégats des graphes d'intérêts. La plupart d'entre eux ont insisté sur les améliorations possibles des protocoles existants en utilisant *l'une* de ces propriétés. Nous allons montrer que plusieurs de ces propriétés peuvent être utilisées simultanément pour la création de méthodes de recherche simples mais efficaces.

Pour cela, nous allons utiliser une méthode de recherche où *le réseau logique n'est autre que le graphe des intérêts*, c'est-à-dire le graphe défini par les nœuds du système reliés par des arêtes si un échange a déjà eu lieu entre ces nœuds.

Bien que le réseau logique ne soit pas une structure logique, nous présentons une stratégie de recherche simple non basée sur l'inondation et qui ne requiert aucune information sur la topologie globale du réseau logique. Cette stratégie est simple en ce sens qu'elle ne nécessite pas d'opération de publication complexe. De plus, la nature gloutonne de cette stratégie rend les opérations d'insertion et de départ du réseau très simples. Cela permet à cette méthode de supporter sans difficulté les pannes de nœuds, puisqu'aucune structure n'est à maintenir entre ceux-ci.

Afin d'évaluer les performances de notre méthode, nous avons effectué des simulations avec l'outil OverSim. Ces simulations montrent que notre méthode permet une recherche en un nombre de sauts moyen *logarithmique*, ce qui est bien plus efficace que les systèmes proposant l'utilisation d'une des deux propriétés statistiques des graphes des intérêts (nature en loi de puissance ou structure d'agrégat).

3.4.2 Principes utilisés dans REBI

Dans le réseau logique, les connexions entre les nœuds dépendent des requêtes effectuées dans le système : un nœud est connecté aux nœuds dont il a cherché un objet ou qui ont recherché un de ses objets. Les requêtes sont routées par une procédure de recherche décrite plus loin, et sont de la forme <@, $, k> où @ est l'adresse du nœud à l'origine de la requête (son adresse IP par exemple), $ est la description d'un objet et k>=1 est le nombre de sources différentes recherchées pour $ par le nœud à l'origine de la requête.

Nous considérons que tous les nœuds du système maintiennent, en plus de l'accès aux objets qu'ils partagent, une description de ces objets dans ce que nous nommerons index local. Un nœud maintiendra aussi une copie de l'index local de chacun de ses voisins[4]. Enfin, on considère que chaque nœud connaît le degré de chacun de ses voisins. Des communications régulières (mais pas forcément fréquentes) permettent à chaque nœud de mettre à jour ses informations de voisinage.

3.4.2.1 La stratégie de recherche

Lors de la recherche d'une requête R=<@, $, k>, le système effectue une recherche en profondeur d'abord, en envoyant d'abord la requête à son voisin de plus fort degré : pour chaque nœud *u* qui reçoit la requête R, si $ ne peut être trouvée ni sur *u* ni sur un de ses

---

[4] Une méthode similaire a été utilisée dans les systèmes P2P hybrides comme Gnutella (2) ou KaZaA

voisins, alors *u* renvoie R à son voisin de plus fort degré parmi ceux à qui il n'a pas encore envoyé R. S'il n'en existe pas, *u* renvoie alors R au nœud qui la lui a envoyée.

> (1) **Si** *u* partage $, alors *u* envoie $ à @ ;
> (2)   Sinon
>   (2.1) **Si** *u* a un voisin *u'* qui partage $
>   **Alors** *u* renvoie *R* à *u'* ;
>   (2.2) **sinon si** *u* a déjà envoyé *R* à tous ses voisins
>   **Alors** *u* renvoie *R* à son voisin duquel il l'a reçue ;
>   (2.3) **sinon** *u* renvoie *R* au voisin de degré maximum à qui il n'a pas encore renvoyé *R*.

Figure 3.1 <u>Stratégie de recherche dans REBI pour la requête R=<@, $, k></u>

La stratégie ci-dessus décrit le cas k=1 : la recherche s'arrête dés la première copie de $ trouvée. Si k>1, alors u décrémente k du nombre de sources pour $ qui ont été trouvées (parmi lui et ses voisins) et renvoie la requête comme précédemment, en ayant mis à jour le nombre de copies demandées.

De plus, afin d'éviter les boucles dans la recherche, les nœuds doivent retenir les requêtes R. Cette méthode est déjà utilisée par Gnutella, et les méthodes utilisées par ce système peuvent être utilisées ici.

Enfin notons que REBI n'utilise pas de hachage pour la recherche. Il permet ainsi d'effectuer des requêtes complexes comme des requêtes approximatives, par expressions rationnelles ou encore par intervalles. En effet, le format dans lequel sera exprimée la recherche par le nœud demandeur peut être utilisé tel quel dans la requête dés lors que le protocole permet c format de recherche. Notons par ailleurs que dés lors que l'objet recherché est proposé par un nœud du système, la stratégie de recherche le trouvera. Si l'objet cherché n'existe pas, la requête parcourra tout le graphe. Toutefois, elle ne sera pas dupliquée en plusieurs messages, maintenant ainsi le coût de ce parcours minimal.

3.4.2.2 Dynamique du système

Dans REBI, une requête réussit, c'est-à-dire une requête qui a trouvé une réponse, engendre une ou plusieurs modifications dans les connexions entre les nœuds du réseau logique ; si u1 reçoit une réponse positive pour une requête R de la part d'un nœud u2, alors une arête est créée entre u1 et u2. Cela signifie qu'u1 et u2 échangent leur adresse physique et leur index local. De plus, leurs voisins sont informés de leur augmentation de degré. De cette manière, le système maintient un réseau logique qui n'est autre que le graphe des intérêts des nœuds qui le composent. Dans ce réseau logique, le nombre de voisins maximum que peut avoir un nœud est fixé. Si cette taille max est atteinte alors nous utilisons la politique MOU (most often used) qui privilégie les voisins les plus souvent utilisons, pour effectuer l'ajout d'un nouveau voisin au détriment d'un autre devenu 'obsolète'.

Comme dans la plupart des systèmes pair-à-pair proposés auparavant, nous supposons que tout nœud tentant de se connecter connait une passerelle, c'est-à-dire un nœud connecté au système et dont l'adresse physique lui est connue avant de l'extérieur. Cette passerelle peut être par exemple la machine d'une connaissance qui a proposé d'utiliser REBI. Nous supposons qu'un nœud qui s'insère veut partager ou rechercher un objet (sinon n'a pas d'intérêt à s'insérer dans le système). Un nouveau nœud est donc toujours associé à un objet, qu'il fournit ou qu'il recherche.

L'opération d'insertion se base sur cet objet, nommons le \$. Ce nouveau nœud envoie une requête de recherche pour \$ et se connecte, comme précisé sur la figure 3.1, aux nœuds qui répondent à sa requête. Si aucun nœud ne répond, le nouveau nœud reste connecté à la passerelle. Ainsi, dans le pire des cas, le nouveau nœud et connecté à un nœud qui a un intérêt commun avec lui. Dans le cas où il ne trouve personne, il est connecté à la passerelle, qui est un de ses contacts extérieurs au réseau. Il n'est donc pas déraisonnable d'imaginer que le propriétaire de la machine passerelle a des goûts en commun avec le nouveau nœud. Ce procédé peut être aisément modifié afin d'augmenter le nombre de connexions à l'insertion en recherchant plusieurs objets, par exemple tous les objets que le nœud veut proposer au réseau.

Lorsqu'un nœud souhaite quitter le système, il en informe ses voisins au moyen d'un message et se déconnecte simplement du système. Chaque nœud recevant ce message ôte le nœud parti de la liste de ses voisins ainsi que l'index local qui lui est associé. Il informe ensuite ses voisins de son nouveau degré, décrémenté. Remarquons qu'il suffit simplement à REBI de vérifier régulièrement la présence de ses voisins pour pouvoir gérer les pannes de nœuds. En effet, aucune structure n'étant maintenue, la perte d'un voisin n'a aucune incidence sur la possibilité de router un message.

Enfin, insistons sur le fait que REBI ne nécessite aucun système pair-à-pair spécifique sous jacent pour fonctionner, contrairement aux méthodes proposées précédemment (Voir Chapitres 1). La procédure d'insertion se suffit à elle-même, et le réseau logique grandit grâce aux passerelles à partir des requêtes qui y sont effectuées et des réponses trouvées. Typiquement, les premiers nœuds se connectent directement à la passerelle, car la probabilité que les données qu'ils recherchent soient dans le réseau est faible (peu de nœuds sont connectés donc peu de nœuds partagent des objets). Toutefois, après une période de montée en charge, les nœuds recherchent des objets qui seront partagés sur le système, et le réseau logique grandira alors de manière triviale.

Conclusion

Dans ce chapitre, nous avons présenté une nouvelle méthode d'interconnexion et de routage, dont le principal objectif est de pousser plus en avant l'utilisation des propriétés des intérêts des utilisateurs de systèmes pair-à-pair. Ces propriétés figurent en effet probablement parmi les facteurs clés qui permettront la création de systèmes pair-à-pair totalement décentralisés plus efficaces. Afin de confirmer cette hypothèse, nous avons proposé d'utiliser le graphe des intérêts comme réseau logique, et nous avons défini sur cette base des opérations simples de recherche, d'arrivée et de départ, créant ainsi un système auto-organisé. Ce sont les propriétés du graphe des intérêts, en particulier (1) sa structure d'agrégats et (2) l'hétérogénéité des degrés des nœuds, mais aussi des propriétés plus subtiles qui restent à découvrir, qui permettent à notre méthode de localiser les objets très efficacement (petit nombre de sauts), sans utiliser ni inondation, ni opérations complexes de publication ou de routage.

53

4. Validation expérimentale de notre proposition

La topologie d'un réseau pair-à-pair couplée à son mécanisme de routage détermine le coût de la recherche d'une donnée, la connectivité et la connexité du système. La dynamique du réseau pair-à-pair impose une maintenance permanente du système. Cette maintenance a un surcoût qui dépend de la topologie et du routage.

Notre proposition ne s'appuie pas sur une topologie particulière de réseau pair-à-pair, mais modifie celle-ci au cours temps. En effet l'interconnexion entre les nœuds change avec le comportement des nœuds (les recherches effectuées, les réponses reçues).

Il n'existe actuellement aucun modèle satisfaisant pour représenter le comportement précis des nœuds d'un système pair-à-pair. L'évaluation de notre méthode aurait en effet besoin d'utiliser une modélisation à la fois de la structure d'agrégats des graphes d'échanges, de la distribution des degrés en loi puissance et du fait que deux nœuds qui ont échangé échangeront probablement à nouveau. C'est pourquoi nous avons évalué notre méthode par la simulation. Pour faire cette simulation nous avons utilisé le logiciel de simulation de réseau pair-à-pair appelé OverSim [36]. Ce logiciel présente beaucoup d'avantages comparé aux autres logiciels de simulation de réseau pair-à-pair. Nous détaillerons ces avantages dans la section suivante consacrée à la présentation de ce simulateur.

4.1. Présentation du simulateur OverSim [36]

Il existe plusieurs simulateurs P2P disponibles de nos jours ; nous pouvons citer : *P2PSim* [35], O*verlayWeaver* [35], *PlanetSim* [35] ou encore PeerSim. Ces derniers présentent tous des limitations qui rendent difficile leur utilisation. Avec *P2PSim* et PeerSim on constate un manque de documentation ou un niveau d'abstraction trop élevé. *PlanetSim* quant à lui présente beaucoup d'avantages, cependant, il n'a pas de support de collecte de statistiques et son réseaux sous-jacent est trop simplifié, il ne prend pas en considération la bande passante. Le même problème avec les statistiques se retrouve chez *OverlayWeaver*.

Une étude plus détaillée et plus compréhensive des simulateurs de réseaux pair-à-pair peut être trouvée dans [35], où les auteurs montrent que la plupart des simulateurs de réseaux P2P disponibles ont plusieurs inconvénients limitant leur utilisation pour les projets de recherche.

Dans le cadre de nos simulations, nous avons besoin d'un simulateur qui remplit toutes les conditions pour une analyse complète des réseaux overlay avec une insistance sur la nature large échelle.

Les besoins pour un tel Framework de simulation peuvent être résumés comme suit :

- .Passage à l'échelle : Le simulateur devrait être capable d'exécuter les simulations avec un grand nombre de nœuds dans une 'quantité' raisonnable de temps.

- Flexibilité : Le simulateur devrait faciliter la simulation d'aussi bien les réseaux overlay structurés que non structurés. Il devrait être possibles pour nous de paramétrer convenablement les fichiers de configuration pour nos simulations. Le simulateur devrait aussi pouvoir prendre en compte la mobilité des nœuds mais aussi la panne des nœuds.

- Modélisation du réseau sous-jacent : D'une part, une topologie de réseau pleinement configurable avec des bandes passantes réalistes, les délais des paquets et la perte de paquets doivent aussi être permis. D'autre part, on devrait avoir un modèle alternatif simple et rapide pour les grands nombres de nœuds (large échelle).

- Réutilisabilité des codes sources de la simulation.

- Statistiques : Le simulateur devrait être capable de collecter les statistiques sur les données telles que celles envoyées, reçues, ou sur le trafic réseau reçu ou transmis par nœud, le succès ou l'échec de la délivrance des paquets, et leur nombre de bonds. Ces résultats devraient être disponibles sous un format adéquat facile à utiliser pour les post traitements avec *Gnuplot* ou *Excel*.

- Documentation : Pour l'utilisation et l'extension du simulateur avec de nouveaux protocoles overlay, il devrait y avoir une bonne documentation du code source.

Même s'il présente des limites, OverSim nous fournit toutes ces fonctionnalités. En plus de cela, l'utilisation du simulateur peut être faite à deux niveaux : on peut définir une architecture d'un système en paramétrant le comportement des nœuds, ou bien modifier le code concernant les nœuds pour les adapter à un fonctionnement donné. En effet, OverSim offre un ensemble d'éléments à configurer en fonction des besoins. On peut citer par exemple :

-*Description* : description du réseau overlay à tester ;

-*Network* : Le type de réseau utiliser ;

-*RoutingType* : le type du routage ;

-*ChurnGeneratorType* : type de générateur de nœuds ;

-Etc.

4.1.1 Design du simulateur OverSim

OverSim a été conçu comme un Framework de simulation modulaire. La figure 4.1 montre une vue globale de son architecture. Il utilise la simulation à événement discret ou (*discret event simulation* (DES) en anglais) pour simuler les échanges et le traitement des messages dans le réseau. Il est construit au dessus de OMNET++ [37] qui est un Framework de simulation libre (*open source*) et gratuit. OMNET++ est hautement modulaire, et ses modules sont définis dans un langage de définition (déclaratif) simple appelé NED. Ces modules sont désignés par le terme *compound modules*, qui sont eux même composés d'autres modules, ou *simple modules*, qui sont directement implémentés en C++. Les modules communiquent en s'échangeant des messages via des portes de connexion.

Pour faciliter l'implémentation de nouveaux protocoles, OMNeT++ inclue un générateur de messages qui génère un code C++ depuis des définitions compactes. Au besoin, il est possible d'étendre les classes générées par un utilisateur.

OMNeT++ implémente plusieurs fonctionnalités utiles pour la visualisation des topologies de réseaux, des détails de nœud et des messages. Elles permettent une inspection approfondie du contenu des messages et des variables des nœuds.

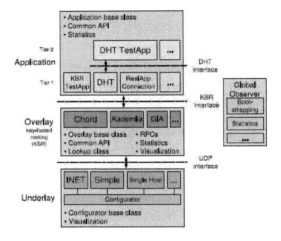

Figure 4.1 <u>Architecture modulaire de OverSim</u>

4.1.2 Protocoles Overlay supportés

Plusieurs protocoles overlay sont implémentés dans OverSim. La plupart d'entre eux sont des protocoles pair-à-pair de type structuré tels que Chord [9], Kademlia [39], Koorde [40], et Broose [41], mais certains protocoles de type non structurés tels que GIA [3] sont aussi bien disponibles. En plus de ces protocoles overlay typiques, OverSim contient d'autres protocoles overlay plus spécialisés pour l'échange de messages dans des applications pair-à-pair pour les jeux en ligne qui regroupent plusieurs participants simultanément telles que VAST [61]. Il existe aussi des overlay de type 'publish/suscribe' décrits dans [38].

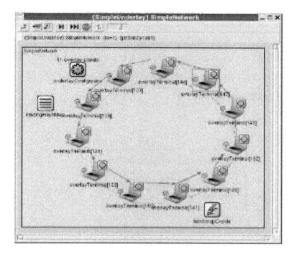

Figure 4.2 : topologie de Chord dans OverSim

Pour faciliter l'implémentation de nouveaux protocoles, OverSim propose plusieurs fonctions que les implémentations de protocoles overlays ont en commun.

- *Overlay message Handling (RPC et données statistiques)*

- *Fonction de recherche générique*

- *Support pour la visualisation de la topologie overlay*

- *Support de Boostrapping*

Le '*Overlay message Handler* ' fournit une interface RPC pour faciliter le traitement des timeouts et la retransmission des paquets due à la perte de paquets.

4.2. Scénario de simulation et métriques de performance

Dans nos expérimentations, nous avons essayé de simuler notre méthode (REBI) telle que nous l'avons décrite dans le chapitre précédent. Pour ce faire, nous avons utilisé le réseau non structuré GIA [3], présent dans OverSim, mais en modifiant le code concernant les nœuds pour adapter leur comportement à notre protocole ; notamment l'interconnexion (le choix des voisins), le routage (marche préférentielle sur le voisins de plus fort degré). Mais aussi pour un meilleur équilibrage de la charge entre les nœuds, nous avons conservé la méthode utilisée dans GIA [3], c'est-à-dire qu'un nœud disponible à traiter une requête le fait savoir à ses voisins en leur envoyant un jeton. Ainsi, un nœud n'envoie une requête qu'à ses voisins lui ayant envoyé un jeton de disponibilité.

Implémentation :

Figure 4.3 : Structure en couche de notre implémentation

Pour accomoder la gestion du voisinage, des raccourcis et autres spécificités de REBI, nous avons spécilisé (héritage) la classe de base *NodeHandle* (management des nœuds) de OverSim en notre propre classe *RebiNode*, et puis nous avons défini une classe

RebiNeighbors. Associée aux autres classes *RebiKeyList, RebiTokenFactory,* et *RebiNeighborCandidateList,* elle nous permet de gerer la structure logique du overlay.

Concernant la gestion de messages nous avons spécialisé la classe BaseRouteMessage de OverSim en notre nouvelle classe *RebiMessage.* Puis nous avons surdéfini l'implémentation de *sendTokey()* de *BaseOverlay* pour lui permettre d'envoyer des messages à plusieurs nœuds en même temps.

Architecture : Tous les nœuds du système sont égaux en termes de rôle ; ce choix se justifie par le fait que nous voulons concevoir un système totalement décentralisé. Nous avons utilisé une topologie qui, à la base est pareille Gnutella, les nœuds n'ont aucune contrainte quant à leur arrivée ou départ, ou encore le choix de leurs voisins. Toutefois, pendant la période de montée en charge du réseau, avec le fonctionnement de notre protocole, des raccourcis (nouveaux liens) sont créés par les nœuds vers d'autres nœuds, suivant leurs intérêts. Ceci fait que des communautés de nœuds se forment au fur et à mesure que le système évolue.

Tableau 4.1 : Paramètres de la simulation

Paramètres de simulation	Valeurs
TargetOverlayTerminalNum : Nombre maximum de nœuds	De 10 à 5000, par pas de 10 jusqu'à 100 et ensuite par pas de 100
InitPhaseCreationInterval : intervalle de création ou suppression de nœud	0,1s
churnGenerator*.creationProbability : **probabilité de créer un nouveau nœud**	De 0,3 à 0,6
churnGenerator*.removalProbability : la **probabilité de supprimer un nœud**	De 0,4 à 0,7
OverlayType : **type de protocol utilisé**	REBI, GIA, Gnutella
Nombre de répliques d'une donnée	10

Lors de nos simulations, le réseau évolue dynamiquement. A chaque intervalle de temps – voir tableau 4.1 ci-dessus – un nouveau est ajouté ou évincé du réseau. L'ajout matérialise l'arrivée des nœuds, et la suppression permet de simuler le départ ou la panne des nœuds. Cependant, il existe un nombre maximal de nœuds qu'on ne dépasse pas – voir le tableau précédant – et, comme l'intervalle de temps cité plus haut, c'est un paramètre que nous introduisons pour lancer la simulation. Au début de la simulation, les nœuds initialisent leur table de routage avec celle de leurs voisins comme décrit au chapitre 3. Et avec l'évolution du système, les tables de routage (constituée de ses voisins et raccourcis) évoluent notamment avec les intérêts des utilisateurs.

Les figures 4.1a et 4.1b montrent des captures d'écrans de notre système en cours de simulation.

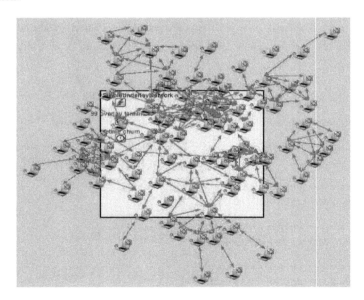

Figure 4.1a : Capture d'écran1 montrant l'architecture de notre système en cours de simulation.

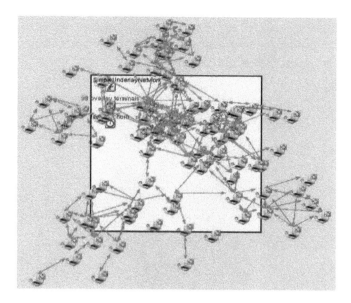

Figure 4.1b : Capture d'écran2 montrant l'architecture de notre système en cours de simulation.

4.3. Résultats

La figure 4.2a montre le nombre de sauts moyen s(n) nécessaire pour trouver une copie d'un objet en fonction du nombre de nœuds n dans le système.

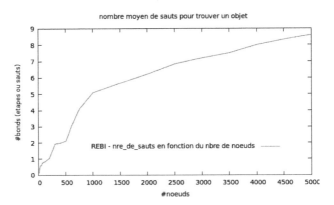

Figure 4.2a. <u>Nombre moyen de bonds en fonction du nombre nœuds</u>

Une régression linéaire indique que s(n) évolue *presque* linéairement avec le logarithmique du nombre de nœuds n du système (voir figure 4.2b).

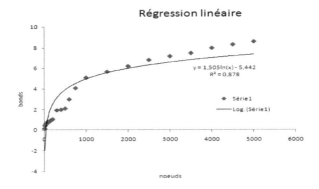

Figure 4.2b. <u>s(n) en fonction n : tendance de la courbe avec le logarithmique du nombre de nœuds</u>

Ce résultat expérimental est le plus important de notre contribution, et peut être résumé par :

Résultat expérimental : la recherche dans REBI nécessite un nombre moyen de sauts logarithmique en fonction du nombre de nœuds présents dans le réseau.

Cela montre que la méthode de recherche de REBI est aussi efficace que les méthodes basées sur des tables de hachage réparties comme Chord [9] ou CAN [8]. De plus, notre méthode peut être considérée comme plus efficace que ces dernières puisque en plus de (presque) les égaler en termes d'efficacité dans la recherche, elle permet d'effectuer des requêtes flexibles ce qui constitue le principal handicap des réseaux à contenu adressables (réseaux structurés).

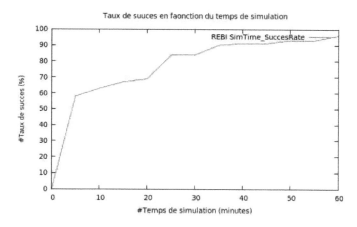

Figure 4.3. <u>Taux de succès (pourcentage de bonnes réponses) en fonction de la durée de simulation.</u>

La figure 4.3 montre le taux de succès (pourcentage de bonnes réponses sur l'ensemble des réponses) en fonction de la durée de la simulation, le nombre de nœuds étant fixe et égal à 1000. Ce résultat (Figure 4.3) montre toute l'utilité qu'apportent les raccourcis (liens basés sur les intérêts). En effet, on remarque qu'avec le temps le taux de succès croît jusqu'à avoisiner les 100% au bout d'heure d'exécution. Cela s'explique par le fait que les nœuds s'organisent et ont d'avantage des liens avec ceux de même intérêt. Ainsi la probabilité de trouver une donnée, si elle est présente dans le système, devient de plus en plus grande.

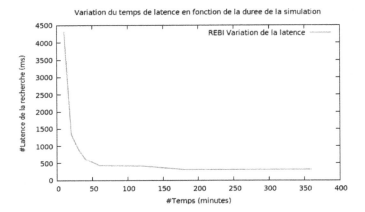

Figure 4.4 Evolution du temps de latence de la recherche d'objet en fonction du temps de simulation.

La figure 4.4 nous montre la variation de la latence de la recherche en fonction de la durée de la simulation. En effet ce résultat ne fait que conforter celui de la figure 4.3.

Mais en plus, elle montre qu'avec la création de nouveaux liens avec les nœuds de mêmes intérêts, ces derniers mettent de moins en moins de temps pour trouver la donnée recherchée. Ceci s'explique par le fait que le nombre moyen de bonds diminue avec la création de nouveaux liens.

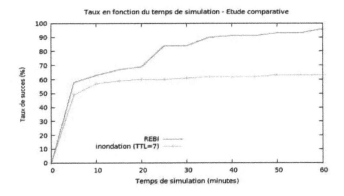

Figure 4.5. Evolution du taux de succès dans le temps : Etude comparative

A la suite de cela nous avons comparé l'évolution du taux de succès dans le cas de notre méthode et celui de Gnutella [5] (figure 4.5). Nous voyons que notre méthode a un meilleur taux de succès. Cela s'explique par le fait que la recherche est adaptative dans notre cas donc toute recherche fructueuse, c'est-à-dire sanctionnée par un succès, sert aux prochaines recherches du même objet. Ce qui n'est pas le cas de l'inondation pure utilisée dans la version originale de Gnutella où on n'apprend rien d'une recherche précédente. Mais aussi la charge supportée par les nœuds joue dans ce cas de figure. En effet, avec les réseaux de type Gnutella les nœuds sont vite surchargés alors que dans notre cas cette charge des nœuds peut être contrôlée. C'est le passage à l'échelle. Nous avons, dans le cadre de nos simulations, repris le mécanisme utilisé avec GIA [3] comme nous l'avons expliqué plus haut.

Conclusion et perspectives d'amélioration

Dans ce chapitre, nous avons présenté une évaluation de notre proposition par une simulation. Cette simulation nous a permis de ressortir les atouts de notre proposition par rapport aux méthodes existantes notamment l'inondation totale. Nous avons pu prouver qu'elle passait bien à l'échelle et efficace dans la localisation. Toutefois, notre propositions présente des limites, il y'a aussi des éléments que nous n'avons pas pris en compte dans nos simulations. Nous tenterons de les ressortir et dégager des perspectives d'amélioration afin d'apporter des éléments probables de réponse.

Déconnexions : Nous n'avons pas effectué une étude de l'impact des déconnexions de nœuds sur des réseaux créés avec la méthode REBI. Mais une telle étude permettrait donc d'évaluer l'effet de pannes et d'attaques sur les nœuds 'généreux' (nœuds de fort degré).

Des travaux comme [52] indiquent que lors de l'utilisation en priorité de raccourcis qui ont des intérêts proches pour la recherche, le taux de succès ne souffre pas d'une suppression des nœuds généreux, donc a *fortiori* de déconnexions aléatoires. Toutefois, la méthode REBI connecte les nœuds selon leurs requêtes et utilise un routage et non une simple inondation des voisins. L'efficacité de la recherche peut donc souffrir de la disparition de nœuds de grand degré, même si elle est peu probable (en cas de pannes aléatoires).

Dans le cas probable où ces déconnexions ont une influence, il est nécessaire de limiter le degré des nœuds, mais de manière à ne pas gêner le routage. La raison principale de cette limitation est que si la distribution des degrés suit une loi de puissance (et assure donc que peu de nœuds ont un grand degré), un routage vers les nœuds de degré élevé implique une charge plus importante sur les nœuds de grand degré en terme de nombre de requêtes à router.

Nœuds menteurs : la charge engendrée par un grand degré peut inciter les nœuds à mentir sur leur degré ou les fichiers qu'ils partagent, faussant ainsi la recherche. L'évaluation de l'impact de tels comportements byzantins permettrait d'évaluer le risque qu'ils représentent pour l'efficacité des systèmes pair-à-pair. En particulier, les effets négatifs semblent moins importants lorsque les requêtes sont parallélisées, comme dans Gnutella. Une telle parallélisassions des requêtes dans REBI pourrait alors représenter une solution pour limiter l'effet de nœuds menteurs (nous verrons plus bas des méthodes pour paralléliser efficacement les requêtes). L'étude du nombre de menteurs à partir duquel de tels mensonges ont un impact significatif sur l'efficacité de la recherche serait intéressante afin de déterminer la sensibilité de REBI à des comportements byzantins.

Limiter le degré des nœuds : la distribution du degré entrant des nœuds permettrait en plus d'inciter au partage (si un nœud favorise les recherches de ses voisins entrants qui sont aussi ses voisins sortants) de diminuer la quantité de mémoire nécessaire à chaque nœud (grâce à la diminution du degré sortant) et le nombre de requêtes reçues (grâce à la diminution du degré entrant). Toutefois, l'impact d'une telle distinction n'est pas évident, il faut en particulier s'assurer que cela ne déconnecte pas le réseau.

Par ailleurs, dans l'article [21] les auteurs relèvent que la présence de voisins aléatoires permet d'augmenter le nombre de réponses obtenues. L'introduction de voisins aléatoires pourrait donc permettre aux nœuds de connaître des voisins dont les intérêts sont différents mais qui pourraient avoir des objets intéressants, en cas de requêtes hors de ses intérêts habituels par exemple.

D'autre part, il serait possible de modifier la procédure de connexion entre les nœuds après une requête afin de ne connecter deux nœuds que si le nombre de sauts nécessaires pour aller du demandeur au destinataire est inférieur à une borne fixée par le système. Cela permet de diminuer le degré des nœuds au prix d'une augmentation du nombre de message et du nombre moyen de sauts d'une requête. Ce procédé peut être développé en déportant des connexions d'un nœud vers un de ses voisins de degré plus faible, afin de ne pas trop augmenter son degré (le choix de quand déporter une connexion devrait alors se faire dynamiquement selon le degré du nœud qui refuse la connexion et le nœud qui l'accepte et non par rapport à une constante), toujours afin de permettre au routage de fonctionner.

Afin de mieux répartir de telles connexions, il est possible d'adopter un modèle de connexion inspiré de la méthode proposée par [21] : un nœud $p0$ recevant une réponse pour une requête ayant parcouru le chemin $p0, p1, ..., pk-1, pk$ se connecte alors au nœud pi, $0 < i < k$ avec une probabilité décroissant lorsque i se rapproche de 0. Une décroissance exponentielle semble indiquée dans ce cas.

Diminuer la charge des nœuds : la charge supportée par les nœuds de grand degré est plus importante que pour les autres nœuds dans REBI. Une évaluation du nombre de messages reçus par ces nœuds en fonction du nombre de nœuds permettrait de connaître la répartition de cette charge et choisir le meilleur moyen de la répartir entre les nœuds.

Par ailleurs, l'évaluation du nombre de requêtes concernant des objets qui n'existe pas dans les réseaux réels est rarement effectuée, de même que le coût en nombre de messages dans le réseau et par nœud. Elle permettrait pourtant d'estimer l'intérêt de la limitation du nombre de sauts dans les différentes méthodes de recherche, y compris REBI (lorsque la probabilité de trouver une autre copie d'un objet est négligeable). A défaut d'assurer l'exhaustivité, la limitation du nombre de sauts permettrait de diminuer le nombre de messages circulant dans le réseau.

La gestion dynamique du nombre sauts effectués par une recherche est aussi possible par exemple en fonction :

-Du degré maximal rencontré et du nombre de sauts effectués ;

-Du fait que la requête concerne des intérêts du nœud courant, comme proposé par [21] ;

-Du nombre de sources trouvées pour l'objet recherché.

Ces trois méthodes permettent en fait l'estimation de la probabilité de trouver d'autres sources pour un objet recherché. Cela permet d'adapter la recherche au chemin parcouru par chaque requête.

Paralléliser la recherche : cela permet de toucher plus rapidement un même nombre de nœuds, et donc augmenter plus rapidement la probabilité de trouver des copies de l'objet recherché.

L'envoi parallèle d'une requête à plusieurs voisins est une solution permettant d'augmenter cette probabilité. Toutefois, elle nécessite le contrôle du nombre de sauts effectués afin de ne pas augmenter inutilement le nombre de messages. Ce contrôle peut se faire en fixant pour chaque requête un nombre de sauts incrémental, cette méthode a en effet permis à [20] d'observer pour l'inondation une diminution du trafic dans le réseau. Cet article suggère que chaque requête envoyée en parallèle vérifie régulièrement si le demandeur a trouvé le nombre de source demandé, afin d'arrêter la recherche. La comparaison de ces méthodes avec des méthodes qui adaptent le nombre de sauts effectués à chaque requête, comme celles décrites ci-dessus, permettrait de vérifier les conditions dans lesquelles ces méthodes se révèlent efficaces.

Méthodes de recherche : nous avons vu que plusieurs méthodes de routage avaient été proposées pour les réseaux degrés des nœuds sont répartis en loi de puissance, par exemple les stratégies évaluées dans [4, 20, 25, 56]. La méthode du parcours en profondeur guidé par le plus grand degré est la plus efficace des méthodes connues pour ce type de réseau. Toutefois, la propriété de communauté peut rendre une autre méthode plus appropriée. Des améliorations simples de la recherche comme router une requête vers le nœud ayant le plus grand nombre de voisins qui n'ont pas encore reçu cette requête aurait par exemple un coût en mémoire trop important (pour les nœuds de fort degré et leurs voisins). L'étude d'autres méthodes de routage qui tirent parti des propriétés d'agrégats en plus de la loi de puissance semble donc une direction intéressante pour améliorer les performances de ces réseaux. Elles peuvent permettre d'améliorer le coefficient logarithmique du nombre de sauts moyen d'une requête, mais elles peuvent aussi avoir pour but une meilleure tolérance aux pannes par exemple.

Evaluation : une phase d'émulation à grande échelle, par exemple au moyen de grilles de calcul et de traces réelles, permettait enfin de vérifier le comportement général de REBI en milieu réel, en particulier face aux autres requêtes parcourant le réseau au même instant. Une comparaison par rapport aux autres systèmes pair-à-pair décentralisés permettrait alors éventuellement d'observer des différences encore non observées entre les méthodes d'interconnexion et de recherche, et leurs implications sur la robustesse et la sécurité du réseau.

5. Conclusion générale et perspectives

Nous avons présenté dans ce mémoire une étude des systèmes pair-à-pair décentralisés en nous intéressant particulièrement à la problématique de la recherche et plus généralement au routage dans les systèmes pair-à-pair décentralisés, et à l'interconnexion nécessaire pour assurer ce routage. Nous avons utilisé pour une approche qui se résume à l'exploitation des propriétés d'échanges dans les systèmes pair-à-pair. Les systèmes pair-à-pair sont apparus il y'a une dizaine d'années, et ont fait apparaître une problématique qui leur est propre, comprenant entre autres les exigences suivantes :

- Une décentralisation totale, en particulier la charge (trafic, espace de clés, etc.) sur les nœuds doit être équitablement répartie ;

- Un faible temps de réponse ;

- Supporter le dynamisme dans l'arrivée et le départ des nœuds ;

- Permettre une recherche exhaustive.

Basée sur l'expérience des architecture parallèle, [56], [59] ont proposé d'interconnecter les nœuds en une structure logique afin d'assurer de bonne performances à ces systèmes, en particulier concernant le degré des nœuds et le diamètre du réseau. [56] baptisa les systèmes basés sur une telle structure les réseaux à « contenu adressable ». Cette contribution était accompagnée d'un exemple basé sur un tore à *d* dimensions. De nombreuses propositions de structures suivirent ou apparurent en parallèle, allant de l'hypercube au papillon. Chord [9] ou Viceroy [55] ont tenté de donner des bornes efficaces pour les différentes contraintes imposées par les systèmes pair-à-pair au moyen de résultats avec forte probabilité.

Les réseaux à contenu adressable ont toutefois l'inconvénient de ne permettre que les recherches exactes, car la recherche est basée sur le hachage de nom (d'objet). Cette limite est contraignante pour des applications où un même objet est susceptible d'être nommé différemment (comme les fichiers) et où plusieurs hachages peuvent donc correspondre à un même objet. En effet, un nœud recherchant un objet n'a alors plus la garantie d'obtenir toutes les réponses disponibles dans le réseau. Dans de telles situations, une recherche par expression rationnelle ou une recherche approximative (aussi appelée *wildcard*) serait alors plus adaptée, mais les réseaux tels que CAN [8] ou Chord permettent pas ce type de recherche.

C'est pourquoi nos recherches nous ont menés aux graphes modélisant les échanges entre les nœuds. En effet, plusieurs contributions [18, 17, 27] ont signalé la présence de propriétés statistiques de loi de puissance et petit-monde dans les échanges des systèmes pair-à-pair. Ces différentes études étaient accompagnées de propositions d'améliorations pour des systèmes pair-à-pair existants, principalement l'utilisation de raccourcis et la modification de l'interconnexion. Poussant plus loin l'utilisation des propriétés des échanges dans les systèmes pair-à-pair, nous avons proposé une nouvelle méthode pour la conception de systèmes pair-à-pair non structurés.

Notre méthode de connexion et de routage, REBI, tire parti des propriétés de loi de puissance et de regroupement des nœuds en communauté. Ces deux propriétés avaient déjà été utilisées, mais séparément. La méthode REBI se base sur un parcours en profondeur d'abord privilégiant le voisin de plus fort degré, qui avait été proposée et évaluée dans [4, 56] pour les graphes à distribution des degrés en loi de puissance. Afin d'assurer l'interconnexion des nœuds, chaque nœud est connecté à tous les nœuds avec lesquels il a échangé dans le passé. Le résultat principal de cette contribution concerne l'efficacité de la recherche. Dans REBI, les requêtes trouvent une réponse en un nombre de sauts logarithmique en fonction du nombre de nœuds dans le réseau. Notre routage simple ne demande pas de structure spécifique, ni de publication complexe tout en se montrant donc aussi efficace que les réseaux à contenu adressable comme Chord. Dans REBI, la distribution des degrés des nœuds ainsi que la distribution du nombre de requêtes selon le nombre de sauts effectués suivent une loi de puissance. Cela signifie qu'une grande partie des requêtes demande un faible nombre de sauts. Il existe toutefois toujours des requêtes demandant un nombre de sauts importants. REBI regroupe les nœuds en communauté au sein desquelles sont présentes la plupart des réponses aux requêtes qui y sont initiées. Toutefois, il « existe des requêtes pour des objets qui ne sont pas encore présentes dans la communauté, et qui sont donc plus coûteuses. La méthode REBI a aussi pour caractéristique originale de tirer parti de la réplication des objets dans les systèmes pair-à-pair puisque les simulations montrent que par exemple, que dés que dix sources d'un objet existent dans un réseau de 5000 nœuds, moins de dix sauts suffisent en moyenne pour trouver une des sources de l'objet. L'originalité de notre contribution réside dans son efficacité malgré sa simplicité : utilisation conjointe des propriétés de loi de puissance et de regroupement des nœuds en communauté dans les systèmes pair-à-pair.

Perspectives

Nous avons décrit dans le chapitre 3 plusieurs directions pour l'amélioration de méthodes utilisant les propriétés de lois de puissance et d'agrégation des nœuds en communautés d'intérêts. Malgré le nombre de résultats parus sur ce sujet, nous avons listé le long de ce mémoire plusieurs problèmes ouverts dont la résolution permettrait la création de systèmes pair-à-pair plus efficaces. En particulier, si nous avons contribué à montrer que l'utilisation de des propriétés des échanges dans les systèmes pair-à-pair se révèle prometteuse pour la conception de systèmes pair-à-pair efficaces tout en autorisant des requêtes évoluées. Ces propriétés restent toutefois encore trop mal connues pour pouvoir les exploiter pleinement.

A moyen terme, l'étude des propriétés des graphes d'échanges permettra une meilleure compréhension des échanges dans les systèmes pair-à-pair. Plusieurs propriétés restent en effet encore à étudier. Une meilleure connaissance des relations entre les nœuds de grand degré dans le graphe des intérêts permettrait de savoir si ces nœuds fournissent ou demandent des objets uniquement dans leurs communauté ou s'intéressent aussi à des objets extérieurs, que ces objets soient populaires ou pas. La connaissance des caractéristiques des communautés, comme leur recouvrement ou les moyens de les reconnaître selon le point de vue des nœuds et des requêtes permettrait d'affiner les algorithmes. Il serait ainsi possible par exemple de changer le comportement d'une requête selon qu'elle change de communauté ou pas. De plus, l'impact sur les communautés des nœuds de grand degré reste à évaluer, ainsi que l'impact sur ces communautés de diverses propriétés précédemment étudiées indépendamment comme :

-La popularité des objets parmi les nœuds ;

-Le rapport entre la proximité d'intérêts et la proximité physique des nœuds ;

-Le regroupement des objets partagés par les nœuds en communautés ;

-La corrélation entre les fichiers sur un même nœud selon leur rareté ;

-La proportion de voisins égoïstes.

La caractérisation du dynamisme d'un réseau pair-à-pair servirait à mieux comprendre la régularité des requêtes selon les nœuds. La découverte des propriétés caractéristiques des systèmes pair-à-pair et une meilleure connaissance de celles-ci permettrait à terme la conception d'un modèle des relations entre les nœuds des réseaux pair-à-pair, ce qui constituerait une avancée majeure dans ce domaine. Les quelques propositions de modèles qui ont été définis jusque là sont encourageant et permettent dores et déjà une modélisation des propriétés élémentaires des systèmes pair-à-pair. Des améliorations autoriseraient par exemple des requêtes à être associées à plusieurs communautés, voire donneraient une répartition des communautés ciblées par les requêtes d'un nœud. L'amélioration de ces modèles permettrait à terme de contourner la difficulté à obtenir des traces de système pair-à-pair et d'effectuer des comparaisons à moindre coût. Des études théoriques plus complexes basées sur ce modèle seraient alors possibles, comme par exemple l'analyse des compromis possibles pour une méthode de recherche entre d'une part la charge des nœuds et de l'autre le nombre de réponses et la pertinence de la recherche.

Si les systèmes pair-à-pair servent actuellement principalement à la recherche décentralisée de fichiers, nous avons aussi vu que leur champ d'application était bien plus large : la décentralisation à faible coût peut remplacer des services centralisés dans des réseaux à grandes échelle, comme les DNS dans Internet [54], des services de téléphonie sur internet, mais aussi améliorer les réseaux de calcul et les bases de données. En effet, si le géant des bases de données Oracle distribue depuis quelques temps une version 10g de son produit (g pour grid), c'est bien que la répartition de la charge correspond à une demande des grands acteurs de l'informatique.

Faisant suite à la création d'univers persistants (mondes virtuels) utilisés par exemple dans les jeux vidéo en ligne, des univers persistants pair-à-pair [59] ont déjà fait leur apparition. Ils présentent l'avantage de faire supporter la charge de leur fonctionnement aux utilisateurs, permettant ainsi l'indépendance et l'autonomie du monde virtuel.

D'autre part, si les systèmes de calcul à grande échelle ont longtemps préféré l'utilisation des grilles de calcul, des projets ont débuté il y'a plusieurs années pour tirer profit de la puissance de calcul inutilisée des parcs informatiques de grands organismes. Des systèmes comme [61] tentent d'intégrer des outils d'algorithmique répartie pour assurer des garanties actuellement difficiles à obtenir avec des systèmes pair-à-pair.

Dans le domaine des services pour les réseaux à grande échelle, comme les DNS, des propositions comme [54] ont montré tout l'intérêt des réseaux à contenu adressable. La téléphonie sur internet proposée par skype [58] permet de tirer parti de la garantie de performances des réseaux à contenu adressable. Une partie de l'administration de ces services semble toutefois encore limiter la décentralisation, dans le cas des DNS, il s'agit de l'enregistrement de noms de domaines, de la vérification et la rétribution éventuelle de ce service.

Concernant les bases de données, les systèmes pair-à-pair semblent la prochaine étape de sa décentralisation entamée ces dernières années. Toutefois, les bases de données aujourd'hui déployées sur de très grands réseaux imposent des contraintes actuellement difficiles à satisfaire. Il s'agit entre autre de la cohérence, la persistance, la gestion des droits pour les différents accès aux données, et la disponibilité. L'assurance de délais de réponse courts est aussi une contrainte essentielle en plus du support de requêtes évoluées (recherche d'expressions rationnelles et recherche par intervalles) pour des utilisateurs que le modèle client-serveur a habitué a des garanties fortes. Les réseaux à contenu adressable permettent aujourd'hui de garantir des temps de réponses faibles sans permettre les requêtes évoluées, tandis que les systèmes non structurés sont dans le cas inverse. Il faut toutefois noter une amélioration de l'expressivité des requêtes de réseaux à contenu adressable avec l'apparition de systèmes capables d'effectuer des requêtes par intervalles, comme [53, 55], basés sur les listes à enjambement [57] (aussi nommées *skip lists*). Quel que soit le système, la cohérence des données doit faire l'objet d'un compromis avec les temps de réponse du fait de la transmission des messages par un réseau physique asynchrone. La persistance des données dans un système pair-à-pair peut être assurée par des mécanismes de réplication. La sécurité des données, la gestion des droits de création, d'ajout et de consultation des données peut s'inspirer des méthodes utilisées dans des systèmes comme Freenet [4, 26]. De toutes ces contraintes, autoriser les recherches évoluées semblent la contrainte la plus difficile à adapter aux réseaux à contenu adressable. C'est pourquoi les systèmes décentralisés non structurés nous semblent les plus prometteurs pour la conception de bases de données réparties.

Ces différents horizons ouverts aux systèmes pair-à-pair permettraient de remplacer des systèmes centralisés, et   nécessiteront donc l'assurance de certaines garanties, même si certaines contraintes sont relâchées. Enfin, le développement d'algorithmes auto-stabilisants pourrait être une solution pour assurer le fonctionnement des services malgré le départ et l'arrivée réguliers des nœuds, voire le comportement byzantins d'une partie des nœuds.

Bibliographie

[1] T. Özsu and P. Valduriez. *Principles of Distributed Database Systems*. 2nd Ed., Prentice Hall, 1999.

[2] D. Aitken, J. Bligh, O. Callanan, D. Corcoran, and J. Tobin "Peer-to-peer technologies and protocols," Lien: http://ntrg.cs.tcd.ie/undergrad/4ba2.02/p2p/index.html

[3] Y. Chawathe, S. Ratnasamy, L. Breslau, N. Lanham, and S. Shenker, "Making gnutella-like P2P systems scalable," in SIGCOMM '03. ACM Press, 2003, pp. 407–418.

[4] L. Adamic, R. Lucose, A. Puniyani, and B.Huberman. Search in power law networks. *Physical Review E*, 64 :046135, 2001. http://arxiv.org/abs/cs/0103016.

[5] http://www.gnutella.com

[6] http://www.freenet.sourceforge.net/

[7] KaZaA. http://www.kazaa.com/.

[8] Sylvia Ratnasamy, Paul Francis, Mark Handley, Richard Kar, and Scott Shenker, CAN: A scalable content-addressable network. In *Proc. Of* ACM SIGCOMM'01, 2001. http://citescer.ist.psu.edu/ratnasamy01scalable.htm.

[9] http://www.pdos.lcs.mit.edu/chord/

[10] Albert-Laszlo Barabasi and Reka Albert. Emergence of Scaling in random networks. *Science*, 286:509, 1999.

[11] http://oceanstore.cs.berkeley.edu/

[12] Yann Busned and Anne Marie Kermarrec. Integrating file popularity and peer generosity in proximity measure for semantic-based overlay. Technical Report 1756, ISISA, October 2005. http://hal.inria.fr/inria-00000502/en/.

[13] Edonkey2000. http://www.edonkey2000.com

[14] Fabrice Le Fessant, Sidath Handurukande, Anne-Marie Kermarrec, and Laurent Massoulié. Clustering in peer-to-peer file sharing workloads. In *Proceedings of the 3rd International Workshop on Peer-to-Peer Systems* (IPTPS), pages 217-226, 2004. http://iptcps04.cs.ucsd.edu/papers/le-fessant-clustering.pdf.

[16] Jean-Loup Guillaume, Mathieu Latapy, and Stevens Le-Blond. Statistical analysis of P2P query graph based on degrees and their time-evolution. In *Proceedings of the 6th international Workshop on Distributed Computing,* (IWDC 04), pages 126-137, 2004. http://hal.ccsd.cnrs.fr/ccsd-00016859/en/.

[17] Sidath Handurukande, Anne-Marie Kermarrec, Fabrice Le Fessant, and Laurent Massoulié. Exploiting semantic clustering in the edonkey p2p network. *In Proceedings of the 11th* ACM SIGOPS European Workshop, pages 109-114, September 2004.

[18] Stevens Le-Blond, Jean-Loup Guillaume, and Mathieu Latapy. Clustering in P2P exchanges and consequences on performances. In *Proceedings of the 4th International Workshop on Peer-to-peer Systems* (IPTPS), pages 193-204, 2005.

[19] Nathaniel Leibowitz, Matei Ripeanu, and Adam Wierzbicki. Deconstructing the KaZaA network. In *Proceedings of the 3rd* WIAPP, pages 112 120, Washington, DC, USA, 2003. IEEE Computer society. http://people.cs.uchicago.edu/~matei/PAPERS/KaZaA.pdf #search='Deconstructing'.

[20] Qin Lv, Pei Cao, Edith Cohen, Kai Li, and Scott Shenker. Search and replication in unstructured peer-to-peer networks, 2002.

[21] Vincent Cholvi, Pascal A. Felber, and Ernest W.Biersack. Efficient search in unstructured peer-to-peer networks. *European Transactions on Telecommunications, Special Issue on P2P Networking and P2P Services, 15(6), December 2004.*

[22] Slyck. http://www.slyck.com

[23] J. Kleinberg. The Small-World Phenomenon: An Algorithmic Perspective (Technical Report 99-1776, Cornell Computer Science, Oct 1999).

[24] I. Clarke, O. Sandberg, B. Wiley, T. W. Hong. Freenet: A Distributed Anonymous Information Storage and Retrieval System (Designing Privacy Enhancing Technologies: International Workshop on Design Issue in Anonymity and Unobservability, Berlin 2001)

[25] Nima Sarchar, P. Oscar Boykin, and Vwani P. Roychowdhury. Percolation search in power law networks: Making un structured peer-to-peer networks scalable. In *Proceedings of* IEEE *International conference Peer-to-peer computing (P2P)*, 2004.

[26] Kunwadee Sripanidkulchai, Bruce Maggs, and Hui Zhang. Efficient content location using interest-based locality in peer-to-peer systems. In *Proceedings of the 22nd Annual Joint Conference of the IEEE Computer and Communications Societies* (INFOCOM), April 2003.

[27] Spyres Voulgaris, Anne-Marie Kermarrec, Laurent Massoulié, and Maarten van Steen. Exploiting semantic proximity in peer-to-peer content searching. In *Proceedings of the 10th IEEE Int.Workshop on Future Trends in Distributed Computing Systems* (FTDCS), 2004.

[28] Duncan J.Watts and Steven H. Strogatz. Collective dynamics of "small-world" networks. Nature, 393: 440 442, 1998.

[29] I. Clarke, S. G. Miller, O. Sandberg, B. Wiley, T. W. Hong. Protecting Free Expression Online with Freenet (IEE internet Computing, Jan/Feb 2002).

[35] S. Naicken, A. Basu, B. Livingston, and S. Rodhetbhai, "A Survey of Peer-to-Peer Network Simulators" Proceedings of The Seventh Annual Postgraduate Symposium, Liverpool, UK, 2006.

[36] Ingmar Baumgart, Bernhard Heep, Stephan Krause, "OverSim: A Flexible Overlay Network Simulation Framework", In IEEE Global Internet Symposium, 2007 (2007), pp. 79-84, *2007*

[37] A. Varga. Omnet++ community site. [Online]. Available: http://www.omnetpp.org/

[38] S. Yamamoto, Y. Murata, K. Yasumoto, and M. Ito, "A distributed event delivery method with load balancing for mmorpg," in NetGames '05: Proceedings of 4th ACM SIGCOMM workshop on Network and system support for games. New York, NY, USA:

ACM Press, 2005, pp. 1–8.

[39] P. Maymounkov and D. Mazires, "Kademlia: A peer-to-peer information system based on the xor metric," in Peer-to-Peer Systems: First InternationalWorkshop, IPTPS 2002 Cambridge, MA, USA, March 7-8, 2002. Revised Papers, vol. Volume 2429/2002, 2002, pp. 53–65.

[40] M. F. Kaashoek and D. R. Karger, "Koorde: A simple degreeoptimal distributed hash table," in Proceedings of the 2nd International Workshop on Peer-to-Peer Systems (IPTPS '03), vol. Volume 2735/2003, 2003, pp. 98–107.

[41] A.-T. Gai and L. Viennot, "Broose: a practical distributed hashtable based on the de-bruijn topology," in Fourth International Conference on Peer-to-Peer Computing, 2004, Aug.

2004, pp. 167–174.

[42] P.Erdös, A.Rényi, On the Evolution of Random Graphs, PublicationesMathematicae, vol 6, 574-617, 1959.

[43] M. Ripeanu, Peer-to-Peer architecture case stucy : Gnutella network, in : Proceedings of the IEEE First International Conference on Peer-to-Peer Computing (P2P2001), Linkoping, Sweden, August, 2001.

[44] M. Ripeanu, I. Foster, A. Iamnitchi, Mapping the gnutella network : properties of large-scale peer-to-peer systems and implications for system design, IEEE internet comput. 6 (1) (2002) 50-57.

[45] R. Gaeta, G. Balbo, S. Bruell, M. Gribaudo, and M. Sereno,"A simple analytical framework to analyze search strategies in large-scale peer-topeer networks," Performance Evaluation, 62(1-4):1-16, 2005.

[46] Krishna Kant, An Analytic Model for Peer to Peer File Sharing Networks, in : Proceedings of the International Communications Conference, Anchorage, AL, USA, May, 2003.

[47] R.Gaeta, M. Gribaudo, D.manini,M.Sereno. Analysis of resource transfers in P2P file sharing in., : Proceedings of the fluid models. Perform Eval., in press ; doi :10.1016/j.peva.2005.01.001.

[48] B. Yang, H. Garcia-Molina, Comparing hybrid P2P systems, in: Proceedings of the Seventh International Conference on Very Large Data Bases (VLDB01), Rome, Italy, 2001.

[49] M. Feldman, L. Kevin, J. Chuang, I. Stoica, Quantifying disincentives in P2P networks, in: Proceedings of the First workshop on economics of p2p systems, Berkeley, CA, USA, June, 2003.

[50] Z. Ge, D.R. Figueiredo, S. Jaiswal, J. Kurose, D. Towsley, Modeling P2P file sharing system.,in : Proceedings of the INFOCOM 2003, San Francisco, USA, April, 2003.

[51] E.P. Elias Leontiadis, Vassilios V. Dimakopoulos, Cache updates in a P2P network of mobile agents, in : Proceedings of the Fourth IEEE P2P 2004, Zurich, Switzerland, August, IEEE Comp.Soc. Press, 2004.

[52] James Aspnes and Gauri Shah. Skip grphs. *In fourteenth Annual ACM-SIAM Symposium on discrete algorithms,* pages 384-393, January 2003.

[53] Russ Cox, Athicha Muthitachroen, and Robert T. Morris? Serving dns using a peer-to-peer lookup service, March 2002. http://pdos.csail.mit.edu/chord/papers/ddns.pdf

[54] Nicholas J. A. Harrey, Michael B. Jones, Stefan Saroiu, MarvinTheimer, and Alec Wolman. Skipnet: A scalable overlay network with practical locality properties. In *USENIX symposium on Internet Technologies and systems,* pages 113-126, 2003.

[55] Dahlia Malkhi, Moni Naor, and David Rtajczak. Viceroy: a scalable and dynamic lookup network. In *Proceedings of the 21th ACM Symp. On Principles of Distributed Computing (PODC),* pages 183-193, 2002. http://www.cs.huji.ac.il/dahlia/pubs/MNR02.ps.gz.

[56] William Pugh. Skip lists: a probabilistic alternative to balanced trees. In *Communications of the ACM,* volume 33(6), pages 668-676, 1990 June.

[57] Skype. http://www/skype.com

[58] Solipsis. http://solipsis.netofpeers.net

[59] Ion Stoica, Robert Morris, David R. Karger, M. Frans Kaashoeck, and Balakrishnan. Chord: A scalable peer-to-peer lookup service for internet applications. In *proceedings of SIGCOMM,* volume 31, pages 149-160, New York, NY, USA, September 2001. ACM Press. http://nms.lcs.mit.edu/papers/Chord.html.

[60] Xtremweb. http://www.xtremweb.net

[61] S.-Y. Hu and G.-M. Liao, "Scalable peer-to-peer networked virtual environment," in NetGames '04: Proceedings of 3rd ACM SIGCOMM workshop on Network and system support for games. New York, NY, USA: ACM Press, 2004, pp. 129–133.

Annexe : Aperçu de notre implémentation

```
/**
 * @file Rebi.h
 * @author I.gueye
 */
#ifndef __REBI_H_
#define __REBI_H_
#include <vector>
#include <omnetpp.h>
#include <UDPAppBase.h>
#include <IPvXAddress.h>
#include <GlobalNodeList.h>
#include <UnderlayConfigurator.h>
#include <OverlayKey.h>
#include <NodeHandle.h>
#include <CommonMessages_m.h>
#include <BaseOverlay.h>
#include "RebiMessage_m.h"
#include "RebiKeyListModule.h"
#include "RebiKeyList.h"
#include "RebiNeighbors.h"
#include "RebiTokenFactory.h"
#include "RebiNode.h"
#include "RebiNeighborCandidateList.h"
#include "RebiMessageBookkeeping.h"

class Rebi : public BaseOverlay
{
 public:
  /**
   * initialization attributs de classe de base
   *
```

```
   * @param stage etape initiale
   */
  void initializeOverlay(int stage);

  /**
   * Ecrit les données statistiques et enlever le nœud du boostrap
   */
  void finishOverlay();

  /**
   * Changer d'étape toStage
   * @param toStage étape de destination
   */
  virtual void changeState(int toStage);

  /**
   * Marquer les noeuds s'ils sont prêts
   */
  void updateTooltip();

  /**
   * Destructeur
   */
  ~Rebi();

  void handleTimerEvent(cMessage* msg);

  void handleUDPMessage(BaseOverlayMessage* msg);

  // API pour les P2P structurés

  virtual void getRoute(const OverlayKey& key, CompType
destComp,   CompType srcComp, cPacket* msg, const
std::vector<TransportAddress>& sourceRoute

   = TransportAddress::UNSPECIFIED_NODES,

                RoutingType routingType =
DEFAULT_ROUTING);

  void handleAppMessage(cMessage* msg);

  void sendToken(const RebiNode& dst);

 protected:
  // Paramètres depuis OMNeT.ini

  uint32_t maxNeighbors; /**< nombre maximum de voisins */
```

83

```cpp
uint32_t minNeighbors; /**< nombre minimum de voisins */

uint32_t maxTopAdaptionInterval; /**< maximum topology
adaption interval */

double updateDelay; /**< Délai entre 2 messages update (en
ms) */

uint32_t maxHopCount; /**<TTL max pour les messages
envoyés */

uint32_t messageTimeout; /**< timeout pour les messages */

uint32_t neighborTimeout; /**< timeout pour voisins */

uint32_t sendTokenTimeout; /**< timeout pour les jetons */

uint32_t tokenWaitTime; /**< Délai pour envoyer un nouveau
jeton */

double keyListDelay; /**< Délai de mise à jour du keylist
pour notre voisin*/

bool outputNodeDetails; /**< Afficher les détails du noeud?
(on std::cout)*/

bool optimizeReversePath; /**< use optimized reverse path?
*/

unsigned int connectionDegree;

unsigned int receivedTokens;

unsigned int sentTokens;

// References sur les noeuds

RebiNode thisRebiNode; /**< Ce noeud */

NodeHandle bootstrapNode; /**< Candidat prochain, voisin
possible */

// statistiques

uint32_t stat_joinCount; /**< Nombre de messages de
connexion*/

uint32_t stat_joinBytesSent; /**< Nombre de  bytes envoyés
pour les messages de connexion */

uint32_t stat_joinRSP; /**<nombre de réponses pour les
messages de connexion */

uint32_t stat_joinACK; /**< nombre de messages
d'acquitement pour les messages de connexion */

uint32_t stat_joinDNY; /**< nombre de messages de rejet
pour les messages de connexion */

uint32_t stat_disconnectMessages; /**< nombre de messages
de deconnexion */

uint32_t stat_updateMessages; /**< Nombre de messages de
mise à jour envoyés*/

uint32_t stat_tokenMessages; /**< Nombre de messages de
jeton envoyés */
```

```cpp
uint32_t stat_keyListMessages; /**< Nombre de  messages
keylist */

uint32_t stat_routeMessages; /**< Nombre de  messages de
routage envoyés */

uint32_t stat_maxNeighbors; /**< nombre maximum de
voisins */

uint32_t stat_addedNeighbors; /**< Nombre de voisins ajoutés
durant le cycle de vie de ce noeud */

uint32_t stat_removedNeighbors; /**< Nombre de voisins
supprimés durant le cycle de vie de ce noeud */

// self-messages

cMessage* update_timer; /**< timer for update self-
message */

cMessage* timedoutMessages_timer; /**< timer for message
timeout */

cMessage* timedoutNeighbors_timer; /**< timer for
neighbors timeout */

cMessage* sendKeyList_timer; /**< timer for send keylist */

cMessage* sendToken_timer; /**< timer for send token */

// Références sur les modules

RebiKeyListModule* keyListModule; /**< pointer to
KeyListModule */

RebiNeighbors* neighbors; /**< pointer to neighbor list */

RebiTokenFactory* tokenFactory; /**< pointer to
TokenFactory */

// Interne

RebiNeighborCandidateList neighCand; /**< Liste de tous les
candidats au voisinage */

RebiNeighborCandidateList knownNodes; //!< liste des
noeuds connus dans le  overlay */

RebiKeyList keyList; /**< Index de ce noeud */

// Méthodes internes

void joinOverlay();

/**

* Décide si le noeud newNode sera accepté comme voisin

* @param newNode Noeud à accepter ou rejeter

* @param degree  le degré (nbre de connexions) du noeud

* @return boolean true or false

*/
```

84

bool acceptNode(const RebiNode& newNode, unsigned int degree);

/**

* Ajoute newNode comme nouveau voisin

* @param newNode noeud à ajouter comme un voisin

* @param degree *le degré (nbre de connexions) du noeud*

*/

void addNeighbor(RebiNode& newNode, unsigned int degree);

/**

* Enléve newNode de notre NeighborList

* @param newNode NodeHandle du noeud à supprimer des voisins

*/

void removeNeighbor(const RebiNode& newNode);

/**

* Envoie JOIN_REQ_Message du noeud src vers le noeud dst

* @param dst: Destination

*/

void sendMessage_JOIN_REQ(const NodeHandle& dst);

/**

* Envoie JOIN_RSP_Message du node src vers le noeud dst

* @param dst: Destination

*/

void sendMessage_JOIN_RSP(const NodeHandle& dst);

/**

* Envoie JOIN_ACK_Message du noeud src vers le noeud dst

* @param dst: Destination

*/

void sendMessage_JOIN_ACK(const NodeHandle& dst);

/**

* Envoie JOIN_DNY_Message du noeud src vers le noeud dst

* @param dst: Destination

*/

void sendMessage_JOIN_DNY(const NodeHandle& dst);

/**

* Envoie DISCONNECT_Message du node src le noeud dst

* @param dst: Destination

*/

void sendMessage_DISCONNECT(const NodeHandle& dst);

/**

* Envoie UPDATE_Message du noeud src vers le noeud dst

* @param dst: Destination

*/

void sendMessage_UPDATE(const NodeHandle& dst);

/**

* Envoie KeyList au noeud dst

* @param dst: Destination

*/

void sendKeyListToNeighbor(const NodeHandle& dst);

/**

* Mise à jour de neighborlist avec le degré

* informations depuis le message msg reçu

* @param msg Message reçu

*/

void updateNeighborList(RebiMessage* msg);

/**

* Transmettre un message (de réponse à une recherche) au nœud prochain dans le chemin invere

* @param msg Message à transmettre au noeud prochain

*/

void forwardSearchResponseMessage(SearchResponseMessage* msg);

/**

* Transmettre le message au prochain noeud aléatoirement choisi, marche aléatoire biaisée

* @param msg Message à transmettre au noeud prochain

* @param fromApplication Marque si le message provient de la couche application

85

```
    */

    void forwardMessage(RebiIDMessage* msg, bool
fromApplication);

    /**

     *Traite le message de recherche msg.

     * Genere   Search_Response_Messages

     * @param msg Message de recherche

     * @param fromApplication Marque si le message provient de
la couche application

     */

    void processSearchMessage(SearchMessage* msg, bool
fromApplication);

    /**

     * Envoie un  message  de réponse pour la requête de
recherche reçue

     * @param srcNode Le noeud qui a la donnée cherchée

     * @param msg SearchMessage

     */

    void sendSearchResponseMessage(const RebiNode&
srcNode, SearchMessage* msg);

    /**

     * Délivre le résultat de la recherche vers  la couche
application

     * @param msg message de réponse à une recherche

     */

    void deliverSearchResult(SearchResponseMessage* msg);

};

#endif
```